Textos Básicos de Filosofia do Direito

Coleção Textos Básicos

Textos básicos de antropologia
Cem anos de tradição: Boas, Malinowski, Lévi-Strauss e outros
Celso Castro

Textos básicos de ética
De Platão a Foucault
Danilo Marcondes

Textos básicos de filosofia
Dos pré-socráticos a Wittgenstein
Danilo Marcondes

Textos básicos de filosofia do direito
De Platão a Frederick Schauer
Danilo Marcondes e Noel Struchiner

Textos básicos de filosofia e história das ciências
A revolução científica
Danilo Marcondes

Textos básicos de linguagem
De Platão a Foucault
Danilo Marcondes

Textos básicos de sociologia
De Karl Marx a Zygmunt Bauman
Celso Castro

Danilo Marcondes
Noel Struchiner

Textos Básicos de Filosofia do Direito
De Platão a Frederick Schauer

2ª reimpressão

ZAHAR

Copyright © 2020 by Danilo Marcondes e Noel Struchiner

Grafia atualizada segundo o Acordo Ortográfico da Língua Portuguesa de 1990, que entrou em vigor no Brasil em 2009.

Capa
Miriam Lerner

Imagens da capa
© iStock.com/ Wesley VanDinter
Brandon Bourdagos/ Shutterstock.com

Revisão
Carolina Sampaio
Isadora Torres

Dados Internacionais de Catalogação na Publicação (CIP)
(Câmara Brasileira do Livro, SP, Brasil)

	Marcondes, Danilo	
M269t	Textos básicos de filosofia do direito: de Platão a Frederick Schauer / Danilo Marcondes, Noel Struchiner. — 1ª ed. — Rio de Janeiro : Zahar, 2015.	
		(Textos básicos)
	Inclui bibliografia	
	ISBN 978-85-378-1462-8	
	1. Ciência política. 2. Direito – Filosofia. I. Struchiner, Noel. II. Título. III. Série.	
		CDD-320
15-23005		CDD-32

[2021]
Todos os direitos desta edição reservados à
EDITORA SCHWARCZ S.A.
Praça Floriano, 19, sala 3001 — Cinelândia
20031-050 — Rio de Janeiro — RJ
Telefone: (21) 3993-7510
www.companhiadasletras.com.br
www.blogdacompanhia.com.br
www.zahar.com.br
facebook.com/editorazahar
instagram.com/editorazahar
twitter.com/editorazahar

Sumário

Apresentação   9

SÓFOCLES
15

Antígona • As leis da tradição × as leis da cidade   16

Questões e temas para discussão   19
Leituras sugeridas   19

PLATÃO
20

Críton • Sócrates e as leis de Atenas   21
Protágoras • O mito de Prometeu   21
A República • O mito de Giges   24

Questões e temas para discussão   27
Leituras sugeridas   27

ARISTÓTELES
28

Retórica • Comentário a *Antígona*   29
Ética a Nicômano • A distinção entre justiça e injustiça   30
Política • O homem é um animal político   31 • As leis e sua aplicação   31

Questões e temas para discussão   32
Leituras sugeridas   32

CÍCERO
33

Sobre as leis • A natureza da justiça   34

Questões e temas para discussão   36
Leituras sugeridas   37

SÃO TOMÁS DE AQUINO
38

Suma teológica • Se a lei natural é a mesma para todos os homens   39

Questões e temas para discussão   42
Leituras sugeridas   43

GROTIUS
44

O direito da guerra e da paz • Sobre guerra e direito   45

Questões e temas para discussão   48
Leituras sugeridas   48

MONTESQUIEU
49

O espírito das leis • Lei natural e lei positiva   50

Questões e temas para discussão   54
Leituras sugeridas   54

BECCARIA
55

Dos delitos e das penas • As leis e as penas   56

Questões e temas para discussão   63
Leituras sugeridas   63

ROUSSEAU
64

O contrato social • O pacto social e a origem das leis   65

Questões e temas para discussão   70
Leituras sugeridas   70

KANT
71

Metafísica dos costumes • Introdução à teoria do direito   72

Questões e temas para discussão   76
Leituras sugeridas   76

HEGEL
77

Princípios da filosofia do direito • Introdução   78

Questões e temas para discussão   86
Leituras sugeridas   86

AUSTIN
87

O objeto de estudo da jurisprudência • O direito positivo entendido como comandos do soberano 88

Questões e temas para discussão 93
Leituras sugeridas 93

HART
94

O conceito de direito • O direito como união de regras primárias e secundárias 95

Ensaios sobre teoria do direito e filosofia • O positivismo e a separação entre direito e moral 102

Questões e temas para discussão 104
Leituras sugeridas 105

FULLER
106

A moralidade do direito • Oito maneiras de fracassar na construção do direito 109

Questões e temas para discussão 114
Leituras sugeridas 115

CROWE
116

Elucidação da tese do direito natural • Quatro ambiguidades da tese do direito natural 118

Questões e temas para discussão 123
Leituras sugeridas 123

MURPHY
124

Direito natural na jurisprudência e na política • A afirmação central da jurisprudência jusnaturalista 125

Questões e temas para discussão 132
Leituras sugeridas 133

ALEXY
134

Principais elementos de uma teoria da dupla natureza do direito • O não positivismo de Robert Alexy 135

Questões e temas para discussão 149
Leituras sugeridas 149

WALUCHOW
150

Positivismo jurídico, inclusivo x exclusivo •
A divisão no positivismo jurídico
contemporâneo   151

Questões e temas para discussão   162
Leituras sugeridas   163

SCHAUER
164

Jogando de acordo com as regras • As regras
como generalizações   165

Questões e temas para discussão   174
Leituras sugeridas   175

FEINBERG
176

Os limites morais do direito criminal • Ofensa
a terceiros   177

Questões e temas para discussão   183
Leituras sugeridas   183

Referências dos textos e traduções   185

Bibliografia geral   **189**

APRESENTAÇÃO

Um dos principais fatores que, do ponto de vista histórico, explicam o surgimento das primeiras sociedades organizadas no período arcaico, ou seja, há cerca de 5 mil anos, é a existência de normas e leis codificadas. Isso ocorreu na Mesopotâmia – podemos dar como exemplo o código de Hamurabi (cerca de 1772 a.C.) e as leis de Eshinuna (cerca de 1993 a.C.) –, no Antigo Egito e nas civilizações da Índia e da China.

Foi na Grécia, contudo, em torno do final do século VI a.C., em Atenas principalmente, com as reformas de Sólon, e depois de Clístenes e de Péricles, que primeiro se discutiu quais leis seriam as melhores para aquela sociedade, ou seja, em que primeiro se *deliberou sobre* as leis. No contexto dessa discussão surge também a questão sobre a natureza das leis. É, portanto, nesse momento que começamos a identificar o que podemos denominar de uma filosofia do direito. A reflexão filosófica sobre o direito se encontra, assim, na interseção entre filosofia, direito e teoria política.

Contudo a divisão dos saberes e mesmo da filosofia em áreas é bastante posterior, e vemos então que a discussão sobre a natureza das leis envolve de questões como a cosmologia e a ciência do mundo natural até o que denominaríamos hoje de questões éticas e políticas. Com efeito, para os gregos, o primeiro modelo de leis da cidade toma como ponto de partida as leis da natureza (*physis*), que governam o cosmo e garantem seu equilíbrio: perguntam se haveria também para a cidade, para a organização política, leis naturais – ou seja, que não dependessem apenas das decisões humanas, e que nesse sentido seriam universais – ou se no caso da cidade as leis são convencionais (*nomoi*, convenções), dependendo das deliberações dos governantes e das assembleias e podendo portanto ser alteradas. Este é o ponto de partida da discussão na filosofia do direito: as relações entre direito natural e direito positivo. Seria possível preservar no âmbito do direito o caráter estável e permanente das leis naturais? Ou as leis políticas estariam fadadas a mudar sempre visto que as sociedades que as estabelecem mudam? Para a filosofia, isso seria um irremediável sinal de imperfeição. Daí a necessidade de buscar uma outra fonte para as leis, um ideal de justiça que não se reduzisse a convenções sociais, tal como na *República* de Platão. A razão, ou melhor, a racionalidade seria esse princípio, na medida em que para filósofos como Platão a razão humana e a racionalidade do cosmo deveriam compartilhar princípios comuns.

Muitos autores na Antiguidade e na Idade Média, notadamente Aristóteles e, em parte, por influência dele, são Tomás de Aquino, tentaram conciliar os dois conceitos, ressaltando a diferença entre leis mais básicas – como princípios fundamentais que parecem ser derivados da racionalidade da natureza humana, ou mesmo de valores comuns a todos os homens – e leis que variam segundo a época, historicamente portanto, e conforme a sociedade. Essas leis convencionais caracterizariam o direito positivo, mas na base delas haveria princípios mais fundamentais que seriam, assim, naturais.

As grandes transformações políticas e econômicas pelas quais o mundo europeu passou a partir do século XV, no contexto do Renascimento, e que inauguraram o processo de formação da Modernidade, trouxeram à cena novamente, em algumas regiões da Europa, esse debate sobre que tipos de lei e de forma de governo deveriam regular a sociedade. A queda da monarquia absoluta em alguns países (Inglaterra, com a Revolução Gloriosa em 1688, França com a Revolução Francesa em 1789), assim como o movimento de independência dos Estados Unidos, em 1776, levou a mudanças profundas na maneira de se conceber o direito. Por exemplo, a Declaração de Independência dos Estados Unidos evoca a "lei da natureza" como base para legitimar o rompimento com a Coroa britânica. Esses processos políticos sofreram grande influência dos pensadores da época e de sua discussão sobre legitimidade, justiça, ordem social.

Além disso, movimentos como a Reforma Protestante, em seus vários desdobramentos, levantaram também a questão da liberdade religiosa. As guerras civis na Europa e o colonialismo, por sua vez, mostraram a necessidade de se discutir o relacionamento entre os países, e deram os primeiros passos em direção à formulação de um direito internacional, o *ius inter gentes* de Grotius.

A filosofia do direito que encontramos na Modernidade, desde seu início no século XVI até o Iluminismo do século XVIII, e incluindo ainda sua crítica, no século XIX, reflete as características desse contexto. A questão da tolerância e da liberdade religiosa torna-se uma referência fundamental em um mundo em mudança, com a consequente formação de sociedades pluralistas. A necessidade de um novo pacto em uma sociedade em que a monarquia absoluta entrou em declínio leva a teorias do contrato social entre indivíduos dotados de direitos naturais, das quais Rousseau foi um dos mentores. Por outro lado, a necessidade de encontrar um novo modelo para a sociedade abre caminho para propostas de direitos políticos como a de

Montesquieu, com a independência dos três poderes, que traz de volta ao debate a importância do equilíbrio na sociedade, encontrada já no mundo grego.

Os pontos de partida dessa discussão foram as teorias sobre a natureza dos indivíduos que compõem a sociedade e estabelecem esse pacto entre si. Haveria uma racionalidade inerente ao ser humano, que serviria de fundamento para esse grande acordo? Na visão de Kant e do Iluminismo em geral, a sociedade deveria atingir a sua maioridade permitindo esse progresso também no campo do direito, como teria ocorrido no campo das ciências; a sociedade deveria ser composta por indivíduos emancipados, e portanto deveria dar-lhes condições para essa emancipação. O direito participaria desse processo oferecendo um sistema de leis fundamentadas racionalmente, e a contribuição da filosofia do direito seria o exame e a discussão dessa fundamentação racional. O direito positivo deveria ser ele próprio o resultado da aplicação da razão à lei natural, concretizando-a em diferentes circunstâncias sociais e históricas.

Depois de Kant a filosofia do direito foi ficando cada vez mais técnica, especializada e compartimentalizada. A obra de John Austin *The Province of Jurisprudence Determined*, de 1832, caminhou nessa direção, demarcando o que poderia ser propriamente considerado o objeto de estudo do direito e indicando quais abordagens metodológicas poderiam ser invocadas pelos filósofos do direito. Na esteira de Bentham, Austin indicou que filósofos do direito poderiam adotar uma abordagem analítica ou crítica (normativa) em relação ao direito. Caberia à filosofia analítica a compreensão do conceito de direito e sua diferenciação de outros conceitos afins: a contribuição de Austin aqui consistiu não só em explicar o direito em termos de comandos do soberano, mas em esclarecer o próprio conceito de comando e a noção de soberano em termos mais claros. Por outro lado, caberia à filosofia crítica (normativa) do direito realizar a sua avaliação moral, sugerindo reformas no direito existente, e Austin fez isso a partir de sua teoria moral favorita, o utilitarismo.

O mais importante é que sua postura de que a pergunta sobre o que é o direito não se confunde com a pergunta sobre o mérito ou demérito do direito influenciou uma nova geração de positivistas, que endossaram explicitamente duas teses canônicas do positivismo: a dos fatos sociais e a da separação entre direito e moral. Para a primeira tese, o direito pode ser explicado e identificado por meio de fatos sociais, e para a segunda, um sistema injusto de normas ainda assim pode ser classificado como direito. A concepção analítica de Austin sobre o direito reinou soberana até a chegada de H.L.A. Hart, no século XX.

Um dos mais importantes filósofos contemporâneos do direito, Hart concordava com o positivismo de Austin e sua divisão da filosofia do direito com um braço analítico e outro normativo, mas ao mesmo tempo foi um severo crítico de sua concepção específica do direito como um conjunto de comandos do soberano, colocando em seu lugar a explicação do direito em termos da união entre regras primárias e secundárias. A teoria analítica de Hart acerca do direito passou a preponderar, e positivistas de uma maneira geral adotaram a teoria que Hart desenvolveu em *O conceito de direito*. Contudo, o positivismo hartiano gerou fortes reações por parte de autores que não endossavam a tese dos fatos sociais e a tese da separação entre direito e moral. Ocorreu uma grande retomada de posições mais jusnaturalistas ou próximas disso: Lon Fuller, Ronald Dworkin, John Finnis, Robert Alexy e Mark Murphy são alguns desses autores que criticaram as teses do positivismo. As objeções de Dworkin, mais especificamente, foram capazes de gerar uma cisão dentro do próprio campo do positivismo jurídico, que passou a contar com positivistas inclusivos (Hart, Coleman, Waluchow) e positivistas exclusivos (Raz, Gardner, Marmor), dependendo das respostas que ofereciam às críticas de Dworkin. Positivistas inclusivos defendiam a tese da separabilidade entre direito e moral e positivistas exclusivos, a tese da separação forte entre direito e moral. Esse ainda é um tópico quente nos debates positivistas atuais no campo da filosofia analítica do direito.

Paralelamente às questões de caráter analítico acerca do conceito de direito, muitos jusfilósofos dedicaram o seu tempo a empreitadas mais críticas ou normativas. Quando o direito pode ser considerado moralmente justificado? Quais são as virtudes morais das regras jurídicas e quando devemos levar as regras mais ou menos a sério? Que tipo de condutas o direito deve criminalizar, restringindo a liberdade por meio da força? Algumas abordagens contemporâneas dessas questões são capturadas pelas obras de Frederick Schauer e Joel Feinberg, selecionadas para compor o presente livro.

A seleção de textos clássicos – antigos, modernos e contemporâneos – que apresentamos aqui ilustra de modo exemplar essa discussão. Eles consistem em algumas das principais contribuições dos grandes pensadores do direito, filósofos, juristas e cientistas políticos a um questionamento que permanece atual e em aberto.

Oferecemos primeiro uma síntese histórica, com excertos que mostram o ponto de partida de toda a discussão e introduzem conceitos que, mesmo tendo seu sentido alterado e ampliado, estão na base dos debates atuais. Em seguida, apresentamos marcos do período contemporâneo e filósofos de tradição analítica que escreveram principalmente no século XX, e mesmo alguns já no século XXI – pois o debate atual tem despertado grande interesse por parte dos estudiosos de filosofia do direito e os textos desse período ainda são menos frequentes em coletâneas desse tipo. Estão reunidos aqui autores e textos que representam bem as discussões mais marcantes da filosofia do direito contemporânea: discussões conceituais e normativas sobre as relações entre direito e moral. As ausências, inevitáveis em um trabalho deste porte (algumas deliberadas, por serem autores com muita bibliografia já disponível em português, outras por dificuldades de autorização formal para o uso), foram compensadas em nossos comentários e análises ao longo dos capítulos. Consideramos que, postos lado a lado, esses *Textos básicos de filosofia do direito* podem ser instrumentais para levarmos adiante esses debates, mostrando a relevância desses pensadores não só como autores clássicos, mas como instigadores que nos convidam a refletir sobre questões ainda fundamentais na sociedade contemporânea.

Gostaríamos de agradecer a ajuda de Fábio Perin Shecaira e Lucas Miotto, que leram e comentaram as primeiras versões dos capítulos sobre os autores contemporâneos, oferecendo críticas e sugestões valiosas. Também gostaríamos de agradecer ao CNPq e à Faperj pelo constante apoio às nossas pesquisas.

OS AUTORES

SÓFOCLES

Pode parecer curioso começarmos não com um texto jurídico, político ou mesmo filosófico, mas com uma tragédia. Mas a tragédia teve no período clássico na Grécia – basicamente no século V a.C. – uma influência imensa, não só como espetáculo teatral, mas como cerimônia cívica e mesmo como instância de discussão da vida política e social, ou seja, discussão das crenças e valores mais fundamentais da sociedade grega. Esses valores eram apresentados nas tragédias de forma dramática, e os conflitos eram trazidos à tona através de episódios da tradição mítica e também através de referências explícitas ao contexto da época. Os personagens trágicos representam esses valores e conflitos, e com frequência o coro expressa e problematiza as crenças da sociedade grega. Portanto, dado o público que atingia, a tragédia teve na época clássica uma repercussão consideravelmente mais ampla do que a filosofia e a ciência, outras duas grandes invenções dos gregos de então.

Sófocles (497-406 a.C.) foi um dos autores mais importantes desse período, e seu *Édipo Rei* é considerado por Aristóteles, na *Poética*, como o grande exemplo da tragédia grega em toda a sua plenitude. Suas tragédias têm quase sempre como tema central o confronto entre o herói – que se caracteriza por sua determinação, como no caso de Antígona – e seu destino, enfatizando a capacidade de sofrimento e de resistência, as marcas do herói trágico.

ANTÍGONA
As leis da tradição × as leis da cidade

Antígona foi escrita e apresentada pela primeira vez em Atenas em 442 a.C., tendo ganhado o primeiro prêmio no concurso do famoso festival dramático em honra do deus Dioniso. A peça dá sequência a *Édipo Rei* e *Édipo em Colono*. Antígona é filha do incesto inconsciente entre Édipo e sua mãe Jocasta, e carrega esse fardo e, de certa forma, a maldição da família.

Nessa tragédia, Sófocles formula a questão geral, fundamental no contexto da democracia grega, que tinha então apenas cerca de 50 anos, sobre qual lei deve predominar: a lei dos homens (*nomos*), social, portanto convencional, ou a lei divina, ou da natureza (*physis*) – questão discutida também nesse período pelos sofistas. De fato, *Antígona* é considerada uma das primeiras formulações do debate sobre o confronto entre o direito natural e o direito positivo.

A maioria dos intérpretes considera Sófocles favorável à lei natural ou divina, e portanto à tradição, mas veremos que a situação é bem mais complexa e a preocupação do autor pode ser interpretada como uma crítica à instabilidade política e moral de Atenas então. Pode-se inclusive considerar Creonte (irmão de Jocasta e herdeiro do trono de Tebas, após a queda de Édipo) como uma referência a Péricles, governante de Atenas à época, que esteve no poder por trinta anos e era visto por muitos como um tirano, embora tenha sido sempre reeleito segundo as normas então em vigor da democracia ateniense.

Antígona confronta seu tio, o rei Creonte, opondo-se ao decreto dele, ou edito (o termo usado é *kerygma*, que mais tarde será inclusive empregado em relação à proclamação do Evangelho), proibindo o funeral de Polinice, irmão de Antígona que havia se levantado em armas contra Tebas. Essa punição – deixar o cadáver exposto aos cães e abutres – era considerada extrema na sociedade grega, e Creonte pretende que ela seja exemplar, já que Polinice é visto como um traidor de sua própria pátria. Pode-se interpretar Creonte, portanto, como um defensor da *polis*. Antígona representa, em oposição, a lealdade à família, ao clã, o predomínio do vínculo consanguíneo e, nesse sentido, da tradição. Para Creonte, Antígona coloca seus laços familiares acima do interesse da cidade. Pode-se considerar que nem Creonte, nem Antígona tem razão em um sentido absoluto e que ambos são vítimas da *hybris,* a arrogância que os impede de deliberar, ver as razões um do outro e chegar a um entendimento, presas como são de fortes emoções. Quando Creonte, diante do apelo de Hêmon (seu filho e noivo de Antígona), resolve perdoá-la, é tarde: Antígona já está morta, o que leva Hêmon ao suicídio. A radicalização de ambas as posições só pode ter um desfecho trágico.

A referência de Aristóteles à *Antígona* na *Retórica* (ver p.29-30) atesta a sua importância e a influência dessa tragédia na discussão sobre a natureza da lei e sobre nossa submissão a ela, praticamente cem anos após sua estreia.

Na passagem que se segue (v. 502-525, 549-554) temos o confronto entre Antígona e Creonte, quando este a interpela quanto ao não cumprimento de seu decreto e ouve como resposta que a autoridade das leis divinas não escritas está acima dos decretos dos homens, e que é a essas leis que ela presta obediência.

Embora Creonte tenha determinado que Polinice não deveria ter um funeral, seu decreto tem também como inspiração, como vimos, a necessidade de punir os traidores, o que era reconhecido pela tradição. Antígona coloca seu sentimento fraterno acima mesmo do reconhecimento de que Polinice efetivamente traiu Tebas ao liderar um exército contra sua cidade. Portanto o conflito se dá não só entre lei divina, ou natural (é natural querer enterrar o irmão), e lei decretada pelos governantes, mas entre os sentimentos dos personagens, que se veem desafiados quanto a ao que devem lealdade. Creonte representa a autoridade legítima em Tebas, que ultrapassa os limites dessa autoridade ao ignorar uma lei não escrita. Sófocles pode ser entendido como defendendo que as leis da *polis* têm como limite as leis mais fundamentais da "natureza". Leis atemporais, que como diz Antígona "não são nem de hoje, nem de ontem", uma referência ao caráter contingente e variável das leis humanas.

De fato, como veremos ao longo deste livro nos textos de outros autores da tradição, esse apelo a leis universais, porque naturais, é um dos principais temas de discussão entre os teóricos.

GUARDA
Dirigindo-se a Antígona
Tu, então, que baixas o rosto para o chão,
confirmas a autoria desse feito, ou negas?

ANTÍGONA
Fui eu a autora; digo e nunca negaria.

CREONTE
Dirigindo-se ao Guarda.
Já podes ir na direção que te aprouver,   505
aliviado e livre de suspeita grave.

Sai o Guarda. Creonte dirige-se a Antígona.

Agora, dize rápida e concisamente:
sabias que um edito proibia aquilo?

ANTÍGONA
Sabia. Como ignoraria? Era notório.

CREONTE
E te atreveste a desobedecer às leis? 510

ANTÍGONA
Mas Zeus não foi o arauto delas para mim,
nem essas leis são as ditadas entre os homens
pela Justiça, companheira de morada
dos deuses infernais; e não me pareceu
que tuas determinações tivessem força 515
para impor aos mortais até a obrigação
de transgredir normas divinas, não escritas,
inevitáveis; não é de hoje, não é de ontem,
é desde os tempos mais remotos que elas vigem,
sem que ninguém possa dizer quando surgiram. 520
E não seria por temer homem algum,
nem o mais arrogante, que me arriscaria
a ser punida pelos deuses por violá-las.
Eu já saiba que teria de morrer
(e como não?) antes até de o proclamares 525
...

CREONTE
Dirigindo-se ao CORO.
Ela já se atrevera, antes, a insolências
ao transgredir as leis apregoadas; hoje, 550
pela segunda vez revela-se insolente:
ufana-se do feito e mostra-se exultante!
Pois homem não serei – ela será o homem! –
se esta vitória lhe couber sem punição!

QUESTÕES E TEMAS PARA DISCUSSÃO

1. Como se pode interpretar o conflito entre Antígona e Creonte?
2. Em que sentido Antígona apela para uma "lei natural" e quais seus argumentos?
3. Por que Creonte se sente desafiado em sua autoridade e por que deve manter sua decisão?
4. Em que sentido a *Antígona* de Sófocles pode ser interpretada como dizendo respeito ao contexto da democracia ateniense?
5. Como você se posiciona diante desse conflito?

LEITURAS SUGERIDAS

Barker, Ernest. *Teoria política grega*. Brasília, UnB, 1978.
H.D.F. Kitto. *A tragédia grega*. Coimbra, Arménio Amado Ed., 1972.
Sófocles. *Antígona*, in *A trilogia tebana*. Rio de Janeiro, Zahar, 16ª reimp. 2014.
Versão online: www.ebooksbrasil.org/adobeebook/antigone.pdf
Vídeo: www.youtube.com/watch?v=qL4Iq9KAAP4

PLATÃO

É com Platão (428-347 a.C.) que a filosofia grega chega à maturidade após ter surgido dois séculos antes com os pré-socráticos. Em seguida, seu desenvolvimento se dá com os embates entre Sócrates e os sofistas em Atenas, os quais o próprio Platão teria em grande parte testemunhado.

Pode-se dizer que o julgamento e a condenação de Sócrates foram uma das motivações centrais para Platão começar a escrever os seus diálogos, dos quais o primeiro foi precisamente a *Apologia de Sócrates*, ou seja, seu discurso de defesa durante seu julgamento. Platão considerou a condenação de Sócrates uma das maiores injustiças cometidas pela democracia ateniense. E isso o levou, na *República*, a formular um modelo de cidade ideal após uma longa reflexão a respeito do declínio político e da corrupção moral de Atenas.

Em 387 a.C. Platão fundou sua escola de filosofia em Atenas, a Academia. Nela desenvolveu seu pensamento em discussões com seus discípulos – dentre eles Aristóteles –, tendo redigido então a maioria dos diálogos, dos quais 33 chegaram até nós.

Platão escreveu seus diálogos e desenvolveu sua reflexão filosófica em um momento anterior à divisão temática no campo da filosofia, ou mesmo dos saberes em geral, portanto antes de podermos delimitar áreas como ética, política, direito, epistemologia, o que só ocorrerá ao longo da tradição. Embora a maior parte dos diálogos tenha sempre um tema ou conceito que serve de base para a discussão, isso não corresponde exatamente a áreas da filosofia, que só se constituirão mais tarde. Para Platão, questões sobre conhecimento e questões morais e práticas não se encontram dissociadas, como veremos em alguns dos textos selecionados, e com isso temas jurídico-políticos como a justiça, a natureza da lei e o papel dos governantes são tratados em diferentes diálogos, como *A República*, *Protágoras*, *Críton* e *As Leis*. No entendimento de Platão, a ação justa supõe um conhecimento do que é a justiça, de sua natureza, ou de sua essência, como será dito depois, e só com base nesse conhecimento será possível, em última análise, tomar uma decisão correta.

Em *As Leis (Nomoi)*, um de seus últimos diálogos, Platão formula uma utopia, uma cidade ideal, que serviria de modelo para uma colônia a ser fundada. Nela, ao contrário do que ocorre na *República*, em que os guardiães, os homens justos, teriam o papel fundamental como governantes, predominariam agora as leis, sobre as quais repousaria quase que inteiramente a justiça na cidade.

CRÍTON
Sócrates e as leis de Atenas

No *Críton*, Platão apresenta um diálogo[1] no qual Sócrates já está na prisão, aguardando sua execução, quando então um grupo de discípulos liderados por Críton vem lhe propor fugir e seguir para o exílio. Segundo Críton, os próprios responsáveis por sua condenação estariam de acordo com sua fuga. Sócrates reage dizendo que prefere morrer como cidadão de Atenas, julgado segundo as leis da cidade, do que ir viver em outro lugar. E acrescenta que não seria coerente com sua defesa durante o julgamento renegar agora seus princípios e sua liberdade de pôr tudo em questão, papel que atribui ao filósofo. Diz estar surpreso que aqueles que o acusaram de desrespeito às leis e tradições de Atenas venham propor agora que ele faça exatamente isso. E imagina então que as leis, personificadas, o interpelassem nesse momento, seguindo-se um diálogo entre as leis de Atenas e Sócrates.

PROTÁGORAS
O mito de Prometeu

No *Protágoras*, cujo personagem central foi o grande sofista, encontramos a passagem que se segue, em que Protágoras recorre a uma das versões gregas do mito da criação do homem para discutir a natureza da política e a necessidade do senso de justiça entre os homens como um atributo de origem

---

1. Ver Danilo Marcondes. *Textos básicos de filosofia*. Rio de Janeiro, Zahar, 9ª reimp. 2014, p.24-5.

divina, e como indispensável para a vida em comunidade. Embora isso represente a posição de Protágoras e não a de Platão, é significativo da discussão filosófica da época.

Merece destaque nesse texto o modo bastante moderno como a criação das espécies é caracterizada, inclusive quanto à relação entre presas e predadores. Além disso, deve-se destacar a ênfase dada, no caso da espécie humana, à importância da necessidade – além do conhecimento e da técnica, bem como da habilidade política e do senso de justiça – para que a sociedade possa existir. É relevante também o papel que atribui às palavras e à comunicação. Do mesmo modo, mostra que as leis e normas que permitem o convívio entre os homens supõem o senso de justiça e de respeito mútuo comuns à natureza humana, enquanto atributos de origem divina (dados ao homem por Hermes a mando de Zeus), bases assim do direito natural. A concepção, presente nesse texto, de que o ser humano se define pela sociedade antecipa-se à de Aristóteles na *Política*.

Protágoras conclui com uma defesa da democracia e da participação dos cidadãos na deliberação política, com base nesse pressuposto.

> [320d-323a] SÓCRATES: Se podes demonstrar claramente que a virtude pode ser ensinada, não nos recuse isso, apresente a demonstração.

PROTÁGORAS: Pois bem, Sócrates, mas preferes que o faça contando-lhes uma fábula como um velho o faz para crianças, ou discutindo a questão, ponto por ponto?

A audiência diz-lhe para fazer como quiser.

PROTÁGORAS: Parece-me que preferem ouvir uma fábula. Houve um tempo em que os deuses existiam, antes dos seres mortais. Quando chegou o momento determinado pelo destino para a criação destes, os deuses criaram-nos no interior da Terra com base em uma mistura de terra, fogo e elementos associados à terra e ao fogo. Quando estavam prontos, encarregaram a Prometeu e a Epimeteu de lhes atribuir as características apropriadas. Mas Epimeteu pediu a Prometeu para fazer sozinho esse trabalho. "Quando tiver terminado, tu virás examiná-lo." Tendo seu pedido aprovado, deu início ao trabalho, atribuindo a algumas espécies a força, mas não a rapidez, a outras a rapidez sem a força, deu armas a uns, recusou-as a outros, compensando-os com outros meios de defesa; aos menores deu asas para fugirem de seus predadores, ou um esconderijo subterrâneo; aos que tinham maior porte, isso já era suficiente; e este processo de compensação foi atribuído a todas as espécies animais. Esse cuidado devia-se à necessidade de preservar as espécies. Quis ajudar os animais a sobreviver às estações de Zeus, lembrando-se de cobri-los de pelos grossos e peles fortes, suficientes para protegê-los tanto do frio, quanto do calor, servindo também durante o sono de cobertas naturais, apropriadas a cada um deles, dando-lhes, além disso, cascos ou peles duras desprovidas de sangue. Além disso, deu-lhes diferentes alimentos, para uns ervas, para outros frutos, e ainda para outros raízes. A alguns deu outros animais como alimento, limitando a fecundidade dos predadores, multiplicando a das presas, para garantir sua preservação. Contudo, Epimeteu, pouco ponderado, tinha esgotado essas qualidades quando chegou a vez da espécie humana, e não sabia como fazê-lo. Quando Prometeu veio examinar o resultado desse trabalho encontrou os animais bem aquinhoados, mas o homem nu, descalço, sem proteção e sem armas, e chegava o dia para que saísse de dentro da Terra e visse a luz. Então, Prometeu, sem saber o que fazer para dar ao homem como se conservar, roubou de Hefaistos e de Atena o conhecimento das artes do fogo – pois sem ele o conhecimento é impossível e inútil –, dando-o ao homem. O homem teve assim a ciência (*sophia*) como atributo para preservar a sua vida, mas faltava-lhe a política (*politia*) e esta só Zeus possuía. Prometeu já não podia penetrar na acrópole habitada por Zeus, protegida por temíveis guardas. Por isso penetrou furtivamente na oficina de Hefaistos e Atena, onde estes praticavam suas artes (*technai*), tomando-as para dá-las aos homens, garantindo-lhes assim os meios de sobrevivência. Prometeu foi depois responsabilizado pelo roubo cometido por culpa de Epimeteu.

De posse então desses atributos divinos, o homem passou a crer nos deuses, devido à sua proximidade com eles, sendo o único dentre os animais a ter essa característica. Por isso, passou então a erguer altares e fazer imagens. Começou também, graças à ciência que possuía, a articular palavras e a dar nomes às coisas, a construir habitações, a fabricar vestuário, calçados e leitos, além de extrair da terra seu alimento. Dessa forma, os homens, em sua origem, viviam isolados e as cidades não existiam. Eram assim vítimas dos animais selvagens, mais fortes do que eles. Seus conhecimentos técnicos eram suficientes para sobreviver, mas não para defendê-los das feras, porque não tinham o conhecimento da política da qual a arte da guerra faz parte. Procuraram então reunir-se em segurança nas cidades, mas ao se reunirem entravam em conflito uns com os outros, porque não tinham a ciência política, e assim novamente se separavam e eram então atacados pelas feras. Zeus, com receio de que a espécie humana se extinguisse, encarregou Hermes de dar aos homens novas qualidades, o respeito mútuo (*aidon*) e o senso de justiça (*diké*), para dar normas às cidades e criar entre os homens vínculos e elos de amizade (*philia*). Hermes perguntou a Zeus se essas qualidades, o respeito mútuo e a justiça, deveriam ser distribuídas em igual parte a todos, ou distribuídas como as artes médicas, em que basta um especialista para tratar de vários leigos. "O senso de justiça e o respeito mútuo devem ser distribuídos assim, ou devem ser iguais para todos?", perguntou Hermes a Zeus. "Que sejam distribuídos igualmente a todos (*panta*)", disse Zeus, "que cada um tenha a sua parte. A sociedade não poderia existir se essas qualidades pertencessem, como as artes (*technai*), apenas a alguns. Estabeleça assim em meu nome essa lei (*nomos*): que aquele que não for capaz do senso de justiça e do respeito mútuo seja exterminado como um flagelo para a sociedade." É por esse motivo, Sócrates, que os atenienses e outros povos, quando se trata da arquitetura ou de outras artes, entendem que só um pequeno número de indivíduos pode dar conselhos, e se qualquer outro que não pertence a esse pequeno grupo se atrever a dar sua opinião, não o aceitarão e com razão, segundo me parece. Mas, quando se trata da política, em tudo que diz respeito à justiça (*dikaiosyné*) e à moderação (*sophrosyné*), ouvem a opinião de todos os homens, porque acreditam que todos compartilham desse tipo de virtude, caso contrário a sociedade (*polis*) não poderia existir. 🙶

A REPÚBLICA
O *mito de Giges*

A República é o mais extenso dos diálogos de Platão e certamente um dos textos mais influentes de toda a tradição filosófica. Nele Platão reflete, como dissemos anteriormente, sobre a decadência política da democracia ateniense e busca formular uma proposta alternativa à sua cidade. Nesse sentido, a *República* pode ser vista como nossa primeira utopia. Platão propõe nesse diálogo um modelo de cidade ideal, em nome do qual pode-se criticar a cidade real, Atenas. Sabemos que esse ideal talvez nunca se concretize, mas ele deve estabelecer os parâmetros para que se possa pensar como a cidade deveria ser, tendo, portanto, um papel normativo. A questão formulada por Platão consiste em perguntar o que seria uma cidade justa. Para isso temos que responder sobre o que é a justiça. Temos, também, que analisar como podemos chegar ao conhecimento do que é a justiça. E, indo além, temos que discutir a natureza do próprio conhecimento. Esse é um exemplo do pensamento filosófico que, partindo de uma questão concreta, sobre a justiça na cidade, busca uma resposta cada vez mais abstrata, radicalizando a questão e buscando o fundamento daquilo que quer discutir.

Platão, como Aristóteles posteriormente, considera assim que a justiça é natural (*katà physin*) e não resulta apenas de um contrato ou convenção, caso contrário a sociedade não seria possível. Desse modo, o senso de justiça deve ser considerado natural ao homem. Ele contesta assim a posição de Trasímaco, apresentada no livro I da *República*, representativa de alguns sofistas da época, segundo a qual a justiça é uma imposição social e se não houvesse leis todos os homens praticariam a injustiça, ou seja, agiriam apenas em benefício próprio.

Para Platão, a cidade justa irá se constituir através do governo dos guardiães a quem cabe a decisão política, porque governam em nome da razão (*logos*) e não apenas de seus interesses pessoais, sendo portanto incapazes de cometer uma injustiça, privilegiando sempre o interesse da sociedade, uma espécie de concepção de bem comum. Para Platão, nesse contexto, a garantia da justiça na sociedade não é dada tanto pela natureza das leis, mas pela virtude (*areté*) dos governantes, enquanto sábios (*sóphoi*).

No texto que se segue, parte do Livro II da *República*, encontramos uma discussão a respeito da natureza da justiça e da obediência à lei, baseada no medo da punição e numa concepção pessimista da natureza humana que Platão irá combater ao longo do diálogo, mas que é representativa, em parte, do pensamento da época, por exemplo entre os sofistas mais radicais. Segundo essa visão pessimista da natureza humana, o justo só pratica a justiça por medo da punição; se tiverem certeza da impunidade, os homens cometerão as transgressões que lhes trazem vantagens. Daí a concepção de que o papel das leis é evitar que os homens sigam seus impulsos e prejudiquem uns aos outros.

Trata-se de uma longa exposição feita por Glauco, sobrinho de Platão e um dos principais interlocutores de Sócrates em todo o diálogo. Ela não representa a posição de Glauco, mas simplesmente faz parte da dialética argumentativa: caberá a Sócrates, ao longo do diálogo, contestar essa posição, defendendo a racionalidade da justiça.

> **[359a-360a] GLAUCO:** Os homens pretendem que, por natureza, é bom praticar a injustiça e mau sofrê-la, mais ainda que é pior sofrê-la do que praticá-la. Por isso, quando ocorre de ora sofrê-la, ora praticá-la, aqueles que não têm escolha em nenhum dos dois casos consideram que seria preferível nem sofrê-la, nem praticá-la. Disso nascem as leis (*nomous*) e convenções (*synthekas*), e o que a lei prescrevia é o que se denominou legítimo (*nomimon*) e justo (*dykaion*). Essa é a origem e a essência da justiça: estar entre o maior

benefício, que seria praticar impunemente a injustiça, e o maior mal, que seria sofrê-la sem ser capaz de vingar-se. Entre esses dois extremos, a justiça é considerada não como um bem em si mesmo, mas porque a impossibilidade de praticar a injustiça lhe dá valor. Aquele que pode praticar a injustiça não concordará em não cometê-la ou em sofrê-la, isso seria loucura. Essa é, Sócrates, a natureza e a origem da justiça, segundo a opinião comum.

Vamos supor que os que praticam a justiça o fazem por impossibilidade de praticar a injustiça. Concedamos ao justo e ao injusto a possibilidade de fazer o que quiserem e passemos a observar para onde os conduzem seus desejos. O justo será visto em flagrante delito em busca do mesmo que o injusto, ambos buscando se impor aos outros. É isso que toda natureza busca como um bem, mas que a lei e a força reduzem ao respeito pela igualdade. Isso pode ser representado pelo poder que, dizem, teve o antepassado de Giges, o Lídio. Esse homem era um pastor que trabalhava para o rei da Lídia. Um dia, durante uma violenta tempestade seguida de tremores de terra, abriu-se uma fenda no solo e formou-se um precipício próximo de onde cuidava de seu rebanho. Desceu, mesmo com espanto, ao fundo do abismo, onde encontrou tesouros como um cavalo de bronze oco dentro do qual percebeu, por uma abertura, um cadáver, que parecia maior que o de um homem e que tinha em uma das mãos um anel de ouro, o qual o pastor tomou para si, saindo sem pegar mais nada. Em uma reunião de pastores que ocorria todo mês para prestar contas ao rei, compareceu usando o anel de ouro. Quando estava sentado junto com os outros, girou por acaso o anel para dentro, tornando-se subitamente invisível. Percebeu então que os outros pastores falavam dele como se não estivesse mais lá. Girando de novo o anel, tornou-se visível mais uma vez. Tentou isso outras vezes, certificando-se que o anel tinha de fato esse poder. Girando o anel para dentro fica invisível, girando-o de volta, tornava-se outra vez visível. Percebendo isso, incluiu-se dentre os mensageiros que se dirigiam ao rei. Chegando ao palácio, seduziu a rainha, persuadiu-a a matar o rei junto com ele e tomou o poder. Suponhamos que existissem dois anéis desse tipo e que o justo recebesse um e o injusto, outro. Nenhum dos dois seria de natureza tão forte, incapaz de cometer uma injustiça e tomar um bem de outra pessoa, já que poderia fazer isso sem receio de tomar o que quisesse, sem ser responsabilizado ... Desse modo, nada distinguiria o justo do injusto, ambos tenderiam a fazer o mesmo. E isso pode ser citado como a grande prova de que ninguém é justo por vontade própria, mas devido à coerção, não sendo assim a justiça um bem individual, porque quem puder cometer uma injustiça, a cometerá.

QUESTÕES E TEMAS PARA DISCUSSÃO

1. Que justificativa Sócrates dá no *Críton* para não partir para o exílio e aceitar cumprir a pena de morte?
2. Como o mito da criação do homem no *Protágoras* argumenta sobre a origem do senso de justiça?
3. O que caracterizaria para Platão a "cidade justa"?
4. Segundo o mito de Giges (*República II*), pode-se distinguir o justo do injusto?
5. Com base nos textos examinados, qual o papel das leis segundo Platão?

LEITURAS SUGERIDAS

Droz, Geneviève. *Os mitos platônicos*. Brasília, UnB, 1992.

Platão, *Diálogos*. Belém, UFPA, 2000.

Versão online: portugues.free-ebooks.net/autor/platao

Vegetti, Mario. *Um paradigma no céu: Platão político, de Aristóteles ao século XX*. São Paulo, Anna Blume, 2010.

Zingano, Marco. *Platão e Aristóteles: o fascínio da filosofia*. São Paulo, Odysseus, 2005.

ARISTÓTELES

Discípulo da Academia de Platão durante quase dezenove anos, Aristóteles (384-322 a.C.) rompe com esses ensinamentos após a morte do mestre e elabora o seu próprio sistema filosófico a partir de uma crítica ao pensamento de Platão, sobretudo à Teoria das Ideias. No livro II da *Política*, critica diretamente a posição de Platão na *República* e nas *Leis* acerca de questões políticas e jurídicas. O desenvolvimento da tradição filosófica clássica tem em Platão e em Aristóteles as suas duas vertentes mais influentes, os seus dois grandes eixos. Sobretudo na Idade Média, platonismo e aristotelismo inspiraram vertentes diferentes, podendo-se mesmo dizer rivais, no pensamento filosófico e teológico. Sua influência na Antiguidade e na Idade Média foi tão grande que Dante o chamou de "mestre daqueles que sabem" (*Inferno*, IV, 131).

Aristóteles nasceu em em Estagira (hoje Stravó), na Macedônia. Era filho de um médico da corte do rei Amintas II – talvez tenha ele próprio tido alguma formação médica –, o que pode explicar seu interesse pela pesquisa empírica e por questões biológicas; a maior parte de sua obra que chegou até nós pertence às ciências naturais. Tendo se transferido aos dezoito anos para Atenas para estudar, tornou-se membro da Academia de Platão e seu discípulo mais brilhante. Após a morte de seu mestre (c.348-7 a.C.), Aristóteles – provavelmente por discordar dos rumos que os ensinamentos da Academia tomaram sob a nova liderança de Espeusipo, que valorizava a matemática – seguiu o seu próprio caminho. Durante algum tempo (c.343-40 a.C.) foi preceptor de Alexandre, filho do rei Filipe da Macedônia e futuro conquistador de um grande império. De volta a Atenas em 335 a.C., fundou a sua escola, o Liceu. Aristóteles dava aulas e ministrava seus ensinamentos em caminhadas com os seus discípulos, o que explica a origem do nome "escola peripatética" (de *peripatos*, caminho). Após a morte de Alexandre (323 a.C.), deixou Atenas em virtude do sentimento antimacedônio então dominante, vindo a falecer em Calchis no ano seguinte.

Foi grande seu interesse por questões jurídicas e políticas, relacionado à discussão sobre a democracia grega, já nessa época em declínio. Escreveu comentários à constituição (*politia*) de mais de duas centenas de cidades-Estado gregas, dos quais apenas *A constituição de Atenas* (provavelmente obra de discípulos) sobreviveu. Redigiu também o célebre tratado da *Política* no qual descreve e analisa os diferentes modelos de organização política encontrados na Grécia. Discutiu questões jurídicas como a natureza da lei e a relação entre ética e direito em diferentes obras, sobretudo na *Retórica*, na *Ética a Nicômaco*, na *Política* e na *Constituição de Atenas*.

Segundo Aristóteles (*Política* III, 1287a), "o direito é a razão livre de qualquer paixão".

RETÓRICA
Comentário a Antígona

> Encontramos na *Retórica* uma discussão sobre a natureza da lei e dos processos jurídicos e políticos devido à importância do recurso à linguagem retórica, ou seja, à linguagem da argumentação persuasiva, nesses casos.
>
> Cabe ressaltar que Aristóteles toma a *Antígona* de Sófocles como exemplo do conflito entre o que pode ser considerado justo pela tradição, pela obrigação familiar (o funeral de seu irmão) e, por outro lado, as leis da cidade que são estabelecidas em função da autoridade de quem exerce o poder (a proibição do funeral por ser o irmão considerado um traidor).

[1368b] Caracterizamos um dano como uma injúria contrária à lei (*nomos*) provocada voluntariamente. A "lei" pode ser específica (*idios*) ou geral (*koinos*). Por lei específica quero dizer a lei escrita que rege a vida de uma comunidade em particular; por lei geral me refiro a todos os princípios não escritos (*agrapha*) que se supõe são aceitos em toda parte.

[Comentário a *Antígona*, 1373b] Cabe agora fazermos uma classificação completa das ações justas e das injustas. Podemos começar dizendo que são assim definidas em relação a dois tipos de lei (*nomos*) e também em relação a dois tipos de pessoas. Por dois tipos de lei me refiro à universal (*koinos*) e à particular (*idios*). A lei particular é aquela estabelecida por uma comunidade e que se aplica a seus membros: pode ser em parte escrita e em parte não escrita. A lei universal é a lei da natureza (*kata physin*). Pois na realidade existem, como todos podem perceber, uma justiça natural e uma injustiça natural que se aplicam a todos os homens, mesmo em relação àqueles que não têm nenhuma associação ou nenhum contrato (*synthéke*) uns com os outros. É a isso claramente que a Antígona de Sófocles se refere quando defende que o funeral de Polinices foi um ato justo (*dikaion*) apesar da proibição: ela quer dizer que foi justo por natureza (*physei*), [pois a lei segundo a qual agiu]: "Não é de hoje, nem de ontem,/ É desde os tempos mais remotos que elas vigem." (*Antígona*, v.518-519)

ÉTICA A NICÔMACO
A distinção entre justiça e injustiça

Nessa obra encontramos a distinção entre dois tipos de ciência política, aquela que diz respeito às leis, que Aristóteles considera mais elevada, e a política propriamente dita, ou seja, as decisões administrativas referentes à vida da cidade. Para a ciência das leis, a *phronesis* – que os latinos traduziram por *prudentia*, ou saber prudencial, e que consiste precisamente na capacidade de deliberar de forma justa e equilibrada – é de fundamental importância.

No início da *Ética*, Aristóteles afirma a primazia da ciência política sobre as demais ciências práticas, porque visa a encontrar os meios para o bem de toda a comunidade, a *polis*, a qual deve prevalecer sobre o bem dos indivíduos:

> Vemos legisladores que procuram fazer de seus concidadãos homens melhores, buscando que seu bom comportamento se torne um hábito. Essa é a meta de todo legislador, e quando este não é capaz de exercê-la objetivamente, então fracassa; na verdade, o sucesso ou o fracasso nessa empresa é o que faz a diferença entre uma boa e uma má constituição. (II, 1103b)

Mas é no livro V da *Ética a Nicômaco* que encontramos a discussão aristotélica a respeito do sentido da justiça (*diké*) e a distinção entre justiça e injustiça, mostrando tanto o aspecto legal quanto o moral da noção de justiça. Segundo Aristóteles, se os homens fossem justos o sistema jurídico não seria necessário. Ele explora nessa passagem a concepção de lei em relação à normatividade e à justiça.

Aristóteles

[1129b5-30] Vamos considerar então os vários sentidos segundo os quais se diz que um homem é injusto (*adikaios*). Consideramos que essa palavra descreve tanto aquele que desrespeita a lei, quanto aquele que tira vantagem de outro, ou seja, que age de forma errada. Por conseguinte, tanto o homem que respeita a lei (*nomos*) quanto aquele que age corretamente serão considerados justos (*dikaioi*). Portanto "justo" significa dentro da lei e respeitador dos outros. E injusto significa tanto o que desrespeita a lei, quanto o que age indevidamente em relação ao outro. ... Uma vez que o homem que não respeita a lei é injusto e o homem seguidor da lei é justo, fica claro que todas as coisas que estão de acordo com a lei são justas, porque o que é prescrito pela lei é o que é legal e consideramos todas essas normas justas ... Consideramos então justo tudo aquilo que tende a produzir ou manter a felicidade (*eudaimonia*) (e seus elementos constitutivos) em uma sociedade (*politiké koinonia*) ... . A lei prescreve alguns tipos de conduta e proíbe outros, corretamente se a lei é seguida corretamente, mas nem tanto se o é de maneira improvisada.

POLÍTICA
O homem é um animal político

Nessa célebre passagem[1] encontramos a definição aristotélica do homem como "animal político" (*zoon politikon*) por natureza e da cidade (*polis*) como algo natural. O filósofo chama a atenção para o fato de que o homem é o único animal dotado de senso de justiça (posição comparável à do texto do *Protágoras* de Platão que vimos nas p.21-4) e que vive em sociedade de acordo com as leis.

POLÍTICA
As leis e sua aplicação

No livro III Aristóteles desenvolve uma discussão sobre o senso de justiça do homem, seu papel na constituição das cidades e a função das leis quanto à prevenção das injustiças.

---

1. Ver Danilo Marcondes. *Textos básicos de filosofia*. Rio de Janeiro, Zahar, 9ª reimp. 2014, p.56-7.

[Cap.9] Mas, para que um Estado seja bem organizado politicamente, não é suficiente que suas leis sejam boas, é preciso que ele cuide da aplicação delas. A submissão às leis existentes é o primeiro elemento de uma boa organização; o segundo é o valor das leis a que se está submetido em si mesmas. De fato, pode-se obedecer a leis inadequadas, o que ocorre de dois modos: ou porque devido às circunstâncias não temos leis melhores, ou porque as leis são boas em si mesmas, mas não são apropriadas às circunstâncias.

QUESTÕES E TEMAS PARA DISCUSSÃO

1. Com que objetivo Aristóteles cita, na *Retórica*, os versos da fala de Antígona na tragédia homônima de Sófocles?
2. Como Aristóteles caracteriza o "homem justo"?
3. Que relação se pode estabelecer entre justiça e racionalidade, segundo as passagens selecionadas?
4. Qual a finalidade da lei, segundo a passagem do livro V da *Ética a Nicômaco*?

LEITURAS SUGERIDAS

Aristóteles. *Ética a Nicômaco*. Brasília, UnB, 1985.

____. *Política*. São Paulo, Martins Fontes, 1998.

Versão online: portugues.free-ebooks.net/ebook/Politica

Morrall, John. *Aristóteles*. Brasília, UnB, 1981.

Zingano, Marco. *Platão e Aristóteles: O fascínio da filosofia*. São Paulo, Odysseus, 2005.

____. *Sobre a ética nicomaqueia de Aristóteles*. São Paulo, Odysseus, 2010.

CÍCERO

O aristocrata romano Marco Túlio Cícero (106-43 a.C.) foi um dos grandes representantes do pensamento político, filosófico e jurídico da Roma clássica. Teve papel fundamental como um dos principais intérpretes latinos da cultura grega e autor de obras importantes de retórica e oratória, filosofia e direito, além de ter atuado como brilhante político e advogado em um contexto particularmente conturbado da história romana.

Cícero defendeu a preservação do modelo político da República, com o predomínio estrito da lei. Combateu César e depois Marco Antonio, que via como defensores de uma tirania, e foi assassinado por motivos políticos na crise que se seguiu à morte de César.

Considerado um grande escritor, influenciou muito o estilo da escrita latina, sendo tomado como modelo na Antiguidade tardia (por exemplo, por Santo Agostinho, que o admirava profundamente) e, mais tarde, no Renascimento, por pensadores como Petrarca, Erasmo e Montaigne, que o viram como precursor dos humanistas. Passou um período na Grécia, por volta de 80 a.C., e com seus conhecimentos da língua grega traduziu vários textos clássicos desse idioma para o latim, contribuindo para forjar um vocabulário filosófico em língua latina que influenciou fortemente o desenvolvimento da linguagem filosófica no Ocidente desde a Idade Média até o início da Modernidade. Por exemplo, o termo latino "*probabilis*" corresponde à sua tradução do termo grego "*pithanon*", empregado pelo filósofo acadêmico Arcesilau. Em seu *De re publica*, Cícero retoma e reinterpreta algumas ideias da tradição grega, inclusive da *República (Politeia)* de Platão e do historiador grego Políbio, que também muito o influenciou. Seus discursos políticos, sobretudo aqueles em que ataca adversários como Catilina, são considerados modelos de oratória política e jurídica.

Cícero é visto como um pensador eclético, porque mesmo sob forte ascendência de Platão e da filosofia da Academia (chegou a escrever um diálogo intitulado *Academica*, sobre a fase cética dessa escola) sofreu também outras influências, sobretudo dos estoicos e do aristotelismo, procurando conciliar essas diferentes filosofias.

A concepção que encontramos em *Sobre as leis* (*De legibus*), em que ele busca o fundamento da lei na racionalidade da natureza humana, pode ser vista como influenciada pelo inatismo platônico que vê na alma humana um resquício da inteligência que ela traz consigo, por pertencer ao mundo inteligível, quando encarna no corpo; ou seja, há uma racionalidade inata em todos nós. A fonte do direito natural é em última análise a racionalidade da natureza humana, mesmo que esta se encontre desviada e deturpada por várias circunstâncias da existência concreta do ser humano.

SOBRE AS LEIS
A natureza da justiça

> *Sobre as leis*, título que evoca o diálogo *As leis* (*Nomoi*) de Platão (capítulo II), foi composto na última fase da república romana e consiste em um diálogo entre Cícero, seu irmão Quinto e Pompônio Ático, amigo de ambos. Nele Cícero expõe sua concepção sobre a natureza da lei, baseada no direito natural, discutindo como isso pode fornecer o quadro para se pensar uma constituição para Roma. A obra, em três livros, permaneceu incompleta e foi provavelmente uma de suas últimas.
>
> Segundo Cícero, a lei não pode simplesmente originar-se dos homens, que seriam demasiado frágeis e limitados para isso; ela viria de um poder superior, no qual os homens, que compartilham algo desse poder, através de sua racionalidade, se baseiam para daí derivar suas leis, que devem consistir na promoção do bem e na proibição do mal e em sua punição quando este decorrer da fraqueza humana. Cícero defende, portanto, a necessidade de se adotar uma perspectiva filosófica a respeito da natureza das leis e do direito.
>
> Quando, no início do livro I, afirma que precisamos examinar a natureza humana para entender a lei, Ático o interpela a esse respeito, no diálogo que se segue.

ÁTICO: Em sua opinião então não é nos editos dos magistrados, como a maior parte de nossos jurisconsultos pretende, nem na Lei das Doze Tábuas, como os antigos defendiam, mas nas doutrinas mais elevadas da filosofia que devemos buscar a mais autêntica origem do dever e da jurisprudência.

CÍCERO: Sim, porque em nossa discussão, Ático, não estamos investigando como devemos observar a lei, nem como devemos responder às consultas, o que pode ser e efetivamente é importante e foi defendido por muitos homens eminentes e mesmo hoje é defendido por um grande jurisconsulto com grande habilidade. Mas, em nossa discussão, estamos considerando o tema da lei universal e da jurisprudência em toda sua amplitude, de modo que isso que chamamos de "lei civil" seja delimitado a um lugar determinado na natureza. Porque o que temos que explicar é a verdadeira natureza da justiça moral que é derivada da natureza humana. Trata-se das leis segundo as quais todos os Estados devem ser governados. E finalmente vamos discutir as leis e costumes das nações, formuladas para uso e conveniência de países específicos, incluindo nosso próprio povo, e que são conhecidas como "lei civil".

QUINTO: Meu irmão, você tem uma visão elevada dessa questão, buscando ir a suas fontes para tentar lançar luz sobre ela, e os que tratam a lei civil de outro modo não estão examinando a justiça, mas as formas de litígio.

CÍCERO: Não se trata bem disso, Quinto, porque não é propriamente o conhecimento jurídico que produz o litígio, mas sua ignorância. Mas veremos isso depois. Vamos agora examinar quais os primeiros princípios do direito.

Muitos sábios afirmaram que eram derivados da lei. Não sei se a opinião deles não está correta, ao menos assim parece segundo a definição que dão. Porque definem a lei como "a razão mais elevada implantada em nós pela natureza, prescrevendo o que devemos fazer e proibindo o contrário". E, quando essa razão se encontra estabelecida na mente humana e se confirma, torna-se então a lei.

Consideram então que a prudência é a lei que estabelece que devemos agir bem e evitar fazer o mal. E consideram também que a palavra grega para lei (*nomos*), que é derivada do verbo "*nemo*", distribuir, contém exatamente essa concepção que consiste em dar a cada um o que lhe é devido. A palavra latina "*lex*" evoca uma escolha, *legendo*. Segundo os gregos, portanto, lei indica uma distribuição equitativa, e segundo os romanos, uma seleção equitativa. E, de fato, ambas as características são peculiares à lei.

E se essa afirmação for correta, o que me parece ser o caso, então devemos procurar a origem do direito na lei. Pois essa é a verdadeira força da natureza, a verdadeira alma e razão do sábio e o teste da virtude e do vício. Mas, como nossa discussão está relacionada a uma questão cujos termos são frequentes na linguagem popular dos cidadãos, por vezes seremos obrigados a usar os mesmos termos que o vulgo e chamar isso de lei, que em sua formulação escrita sanciona o que considera apropriado por meio de ordens e proibições específicas.

Comecemos então por estabelecer os princípios da justiça com base nessa suprema lei que sempre existiu, em todas as épocas, antes que qualquer formulação legislativa tenha sido escrita, que qualquer governo tenha sido constituído.

QUINTO: Isso seria mais conveniente e mais sensato em relação ao que estamos discutindo.

CÍCERO: Devemos então buscar a origem da justiça em sua própria fonte? Quando a tivermos encontrado, não teremos mais dúvidas sobre a que nos referimos quando discutimos nossas questões.

QUINTO: É isso que penso que devemos fazer.

ÁTICO: Também estou de acordo com a opinião de seu irmão.

CÍCERO: Uma vez que pretendemos defender e preservar a constituição daquela república que Cipião, naqueles seis livros que escrevi com esse título,[1] demonstrou ser a melhor, e como todas as nossas leis devem corresponder ao tipo político de governo nela descrito, devemos também levar em conta os princípios gerais da moral e dos costumes e não nos restringirmos sempre às leis escritas. Pretendo encontrar a origem do direito na própria natureza, que será nosso melhor guia na conduta de toda essa discussão.

QUESTÕES E TEMAS PARA DISCUSSÃO

1. Como pode ser caracterizado o jusnaturalismo de Cícero?
2. Como Cícero explica a variação sociocultural das leis diante de sua concepção de direito natural?
3. Que tipo de análise faz Cícero do direito em relação à lei?
4. Em que sentido Cícero afirma que "pretende encontrar a origem do direito na própria natureza"?

---

1. Referência ao *De re publica* (*Sobre a República*), inspirado na *República* de Platão e escrito um pouco antes de *Sobre as leis*.

LEITURAS SUGERIDAS

Cícero, Marco Túlio. *Da República*. São Paulo, Escalada, 2003.

____. *Tratado das Leis*. Caxias do Sul, Educs, 2004.

Versão online: *De Legibus* (*Tratado das leis*): www.direitoshumanos.usp.br/.../ cicero-tratado-das-leis.

____. *Das leis*. São Paulo, Cultrix, 1967.

Bittar, Eduardo C.B. e Guilherme Assis de Almeida. *Curso de filosofia do direito*. São Paulo, Atlas, 2001.

SÃO TOMÁS DE AQUINO

São Tomás de Aquino (1224-1274), o célebre autor da *Suma teológica*, uma das mais importantes obras da tradição filosófica, nasceu no sul da Itália de família nobre e pertenceu à ordem dos dominicanos. Foi responsável pela grande síntese entre o pensamento de Aristóteles, a quem denominava "o Filósofo", e o cristianismo, passando a influenciar fortemente o pensamento medieval.

Até então, o pensamento aristotélico era visto com suspeição pela Igreja por ser interpretado como materialista, além de crítico de Platão, o inspirador das várias vertentes do neoplatonismo então dominantes na tradição cristã medieval.

São Tomás mostrou que o pensamento aristotélico e o interesse desse filósofo pela ciência natural eram compatíveis com o cristianismo, exatamente na medida em que ao investigarmos a natureza estamos também investigando a obra do Criador, a qual é uma via legítima para o conhecimento, ainda que indireto, de Deus. Dessa forma, abriu caminho para o estudo de Aristóteles, o que representa uma nova maneira de desenvolvimento do pensamento medieval.

O jusnaturalismo de Tomás de Aquino foi herdado da tradição filosófica grega, platônica e aristotélica, buscando na natureza humana racional, entendida como criada por Deus, as fontes do direito e as bases de sua legitimidade. A consciência moral racional, o *habitus*, é o que permite ao ser humano fazer as escolhas moralmente certas e que, segundo são Tomás, pertence ao âmbito da razão prática.

A filosofia tomista (inspirada na obra de são Tomás de Aquino) serviu de base doutrinária para a Contrarreforma no século XVI, como parte da reação teológica católica contra o protestantismo. Por esse motivo, o tomismo acabou influenciando posições tradicionalistas, embora em sua época o pensamento desse filósofo tenha sido altamente inovador. O neotomismo

São Tomás de Aquino

chega até o período moderno e contemporâneo, tendo no século XX nomes representativos como o filósofo francês Jacques Maritain, além de marcar o pensamento filosófico brasileiro nesse período.

SUMA TEOLÓGICA
Se a lei natural é a mesma para todos os homens

Escrita entre 1266 e 1274, permanecendo inacabada, a *Suma teológica* segue o gênero das sumas medievais, em que o autor, em um exercício impressionante ao mesmo tempo de erudição e de síntese, busca integrar todas as principais formas de abordar um tema, formulando questões e examinando as possibilidades de resposta, levando em conta as posições a favor e contra essas respostas. É nesse sentido também um exercício de dialética argumentativa em que os diferentes modos de se defender ou criticar um tema são articulados.

A visão de são Tomás de Aquino é fortemente sistemática; e o texto da *Suma teológica* é estruturado em torno de temas gerais e de subdivisões internas. Sua inspiração é o estilo de texto inaugurado por Aristóteles na Antiguidade, sobretudo em suas obras científicas, originário na verdade, em grande parte, de estudos realizados pelo filósofo e seus discípulos em sua escola em Atenas, o Liceu.

O texto divide-se em três partes gerais: os tratados sobre Deus, sobre a Criação e sobre Cristo e a salvação. Cada qual subdivide-se em outras partes, que por sua vez estão separadas em tratados, divididos em questões. A cada questão corresponde um conjunto de artigos, formulados sob a forma de perguntas, sendo que são Tomás examina em primeiro lugar a posição contrária à que quer defender, analisa os argumentos dessa posição e em seguida refuta-os, concluindo assim que, como essa posição inicial não se sustenta, é a posição contrária a essa que deve ser mantida. Trata-se de uma espécie de "prova por absurdo", em que se mostra que a posição que se quer defender é a alternativa correta porque a posição contrária conduz ao absurdo.

A passagem que se segue pertence à parte sobre a Criação e consiste na questão 94 do "Tratado sobre a lei", o qual tem como tema geral o conceito de lei natural. Nesse texto são Tomás de Aquino examina se a lei natural deve ou não ser considerada universal. O filósofo busca conciliar a universalidade dos princípios gerais com as variações particulares que ocorrem em situações específicas, variações essas que não invalidam a generalidade dos princípios.

É importante notar no excerto o apelo frequente às autoridades da Antiguidade, sobretudo a Aristóteles e à forma de argumentar estruturada logicamente, também de origem aristotélica.

Procedemos assim em relação ao artigo 4: Parece que a lei natural não é a mesma para todos os homens.

Objeção 1. Afirma-se nos *Decretos*[1] que "a lei natural é aquela que está contida na lei e nos Evangelhos". Mas estes não são comuns a todos os homens, porque como é dito na *Epístola de são Paulo aos romanos* (10:16), "nem todos seguem os Evangelhos". Portanto, a lei natural não é a mesma para todos os homens.

Objeção 2. Além disso, é dito que "aquilo que está de acordo com a lei é considerado justo", como se afirma na *Ética*.[2] Mas, como é dito nesse livro, nada pode ser considerado tão justo para todos que não possa sofrer alteração em relação a alguns homens. Portanto, a lei natural não é a mesma para todos os homens.

Objeção 3. Além disso, como dito anteriormente (nos artigos 2 e 3), pertence à lei natural tudo aquilo a que o homem tem inclinação segundo a sua natureza. Ora, homens diferentes têm naturalmente inclinações diferentes, alguns têm desejo de prazeres, outros de honra, e outros de outras coisas. Logo, não há uma única lei natural para todos.

Ao contrário, Isidoro[3] (*Etimologias*, V, 4) diz: "A lei natural é comum a todas as nações."

Respondo dizendo, como afirmado anteriormente (artigos 2 e 3), que aquilo a que o homem está inclinado naturalmente pertence à lei natural, e dentre isso se inclui a inclinação humana a agir de acordo com a razão. O processo

---

1. Referência a texto do filósofo, teólogo e canonista Graciano (século XII) que serviu como base do direito canônico durante vários séculos.

2. Referência a *Ética a Nicômaco*, de Aristóteles. Ver a esse respeito capítulo sobre Aristóteles.

3. Santo Isidoro de Sevilha (560-636), arcebispo de Sevilha, filósofo e teólogo de grande influência, autor das *Etimologias*, uma espécie de enciclopédia filosófico-teológica e coletânea de textos clássicos de grande importância na Idade Média.

natural vai do comum ao próprio (específico), segundo Aristóteles na *Física* (I, 1, 184a16). A razão especulativa, contudo, difere a esse respeito da razão prática. Pois, uma vez que a razão especulativa se ocupa das coisas necessárias, que não podem ser diferentes do que são, suas conclusões, como os princípios comuns, contêm infalivelmente a verdade. A razão prática, por outro lado, ocupa-se de questões contingentes, às quais a ação humana diz respeito, e consequentemente, embora exista necessidade em seus princípios gerais, quanto mais nos aproximamos das questões de detalhe, com mais frequência encontramos falhas. Portanto, no que se refere à especulação, a verdade é a mesma para todos os homens, em relação tanto aos princípios quanto às conclusões, embora a verdade das conclusões não seja conhecida de todos, somente a verdade dos princípios, denominados "noções comuns". Quanto à ação, a verdade ou a correção prática, não é a mesma para todos no detalhe, mas apenas no que se refere aos princípios gerais, e quando há a mesma correção em casos de detalhe, isso não é de conhecimento de todos.

É, portanto, evidente que em relação aos princípios gerais, seja da razão especulativa, seja da razão prática, a verdade, ou correção, é a mesma para todos e é igualmente conhecida por todos. Quanto às conclusões da razão especulativa, a verdade é a mesma para todos, mas não é conhecida por igual por todos; ou seja, é verdadeiro para todos que os três ângulos de um triângulo são equivalentes a dois ângulos retos, embora isso não seja de conhecimento geral. Mas, no que diz respeito às conclusões da razão prática, nem a verdade e nem a correção são as mesmas para todos, nem sequer quando são as mesmas, isso é igualmente conhecido por todos. Logo, é verdadeiro e correto que todos devem agir de acordo com a razão, e disso se segue que bens cedidos a outra pessoa devem ser devolvidos a seus legítimos proprietários. Isso é verdade na maioria dos casos, mas pode ocorrer que em uma situação em particular seja danoso, e portanto contrário à razão, devolver esses bens. Por exemplo, se são exigidos de volta de modo a serem usados contra o país daqueles sob cuja guarda se encontravam. E isso tenderá a ocorrer, quanto mais específica for a situação, por exemplo se dissermos que esses bens devem ser devolvidos com determinadas garantias, ou de uma determinada maneira. Quanto mais condições forem acrescentadas, maior será o número de modos pelos quais os princípios podem não se aplicar, de forma que pode ou não ser correto devolver os bens.

Consequentemente, a lei natural, no que diz respeito aos primeiros princípios gerais, é a mesma para todos, em relação tanto à correção quanto ao conhecimento. Mas, quanto a questões de detalhe, que podem ser consideradas conclusões desses princípios gerais, são as mesmas para todos na maioria dos casos, quanto ao que é correto tanto quanto ao que é verdadeiro. Contudo, em alguns casos específicos isso pode não se aplicar, em relação ao que é correto, devido a certos obstáculos (assim como algumas coisas que pertencem à natureza e são sujeitas a alterações podem não funcionar adequadamente devido a algum obstáculo) e também em relação ao conhecimento (porque em alguns indivíduos a razão pode ser pervertida pela paixão, por algum mau hábito, ou disposição natural). Assim, por exemplo, o roubo, que é algo expressamente contrário à lei natural, não era considerado errado pelos germânicos, segundo Júlio César em seu *De bello gallico* (VI, cap.23).

Resposta à primeira objeção: A citação não significa que o que quer que esteja incluído na lei e nos Evangelhos pertence à lei natural, uma vez que incluem muitas coisas que estão além da natureza, mas sim que o que for que pertença à lei natural está totalmente incluído neles. É assim que Graciano, após afirmar que "a lei natural é aquela que está contida na Lei e nos Evangelhos", imediatamente acrescenta como exemplo, "segundo a qual todos devemos fazer ao outro o que esperamos que nos façam".

Resposta à segunda objeção: O dito do Filósofo [Aristóteles] deve ser entendido como se aplicando a coisas que são naturalmente justas não como princípios gerais, mas como conclusões derivadas destes, sendo corretas na maior parte dos casos, mas não em alguns.

Resposta à terceira objeção: Como no homem a razão governa e comanda as outras forças, todas as inclinações naturais pertencendo às outras forças devem ser governadas de acordo com a razão. Portanto, é universalmente correto que em todos os homens todas as suas inclinações sejam comandadas de acordo com a razão.

QUESTÕES E TEMAS PARA DISCUSSÃO

1. Em que sentido, segundo a passagem examinada acima, são Tomás de Aquino pode ser considerado um representante do jusnaturalismo?
2. Como se pode entender a natureza humana criada por Deus como um pressuposto do jusnaturalismo?
3. Comente a interpretação racionalista do jusnaturalismo em são Tomás de Aquino.

4. Como são Tomás de Aquino compatibiliza a variação cultural entre os povos e o jusnaturalismo?
5. Relacione a posição de são Tomás de Aquino com a de Aristóteles, filósofo que muito o influenciou, examinada nas p.28-32.

LEITURAS SUGERIDAS

Aquino, são Tomás de. *Suma teológica*. São Paulo, Loyola, 2003.

____. *Tratado da lei*. Porto, Rés-Editora, 1988.

Gardeil, Henri-Dominique. *Iniciação à filosofia de são Tomás de Aquino*. São Paulo, Paulus, 2013, 4 vols.

Gilson, Etienne. *A filosofia na Idade Média*. São Paulo, Martins Fontes, 1999.

Moura, Odilão. "A doutrina do direito natural em Tomás de Aquino", *in* Luís Alberto de Boni (org.), *Idade Média: ética e política*. Porto Alegre, EdiPUC-RS, 2ª ed. 1996, p.219-33.

GROTIUS

Hugo Grotius (Hugo de Groot, 1583-1645) foi um grande jurista, filósofo e teólogo, nascido em Leiden, na Holanda, que marcou fortemente a modernidade como um dos pioneiros do direito internacional baseado no direito natural.

Seu pensamento é bastante representativo do contexto de sua época, principalmente da Holanda, um estado liberal em luta permanente pela independência, sobretudo contra a Espanha. As controvérsias religiosas de que participou, dentro do próprio calvinismo, então dominante em seu país, caracterizam também um contexto de discussão a respeito da liberdade religiosa.

O interesse de Grotius pelas questões que o levaram a suas obras sobre direito internacional nasceu de um episódio histórico em que navios holandeses interceptaram em 1603, no Oriente, uma embarcação portuguesa, apropriando-se de sua carga. Os portugueses protestaram e exigiram a devolução da mercadoria, o que suscitou um grande debate sobre a legitimidade da apreensão. Alguns holandeses membros da Companhia das Índias Orientais, a serviço de quem estava o capitão responsável pela pilhagem, alegaram que Espanha e Portugal se encontravam em guerra com a Holanda, o que justificava a apreensão, embora o navio português fosse mercante. Por outro lado, havia aqueles, de tendência protestante mais puritana, contrários a esse tipo de uso da força militar.

Grotius foi convidado a dar um parecer favorável à captura do navio pelos holandeses, sendo essa a origem de sua defesa do princípio do mar como território internacional, livre portanto para o comércio. Assim, os holandeses teriam o direito de agir contra o monopólio de Portugal e Espanha (um reino unido naquela época). O trabalho de Grotius, escrito em torno de 1604-5 e intitulado *De Indis* (*Sobre as Índias*), só foi publicado postumamente (no século XIX), em parte porque o tribunal deu ganho de causa ao capitão que havia capturado o navio. Mas esse foi o ponto de partida de uma grande polêmica em torno do direito marítimo, de grande interesse comercial àquela época, entre juristas de vários países.

Esse foi também o início do interesse de Grotius pela questão do papel do direito em tempos de guerra, tema herdado já da Antiguidade em torno da justificativa do famoso princípio da "guerra justa", dando origem à sua obra mais conhecida, *O direito da guerra e da paz*.

Pode-se argumentar que, embora um defensor do direito natural, Grotius é um dos responsáveis na modernidade por uma concepção jusnaturalista secularizada, que já não se formula mais no sentido da percepção medieval de direito natural, tal como encontrada, por exemplo, em são Tomás de Aquino (ver p.38-43), que a subordina à lei divina (*lex aeterna*). Para Grotius, ainda que o homem seja criado à imagem e semelhança de Deus, o direito natural se origina na natureza humana racional.

O DIREITO DA GUERRA E DA PAZ
Sobre guerra e direito

Essa obra, publicada em 1625, tornou-se um dos clássicos do direito internacional e teve grande influência na discussão sobre a situação do direito em tempos de guerra, quando parece haver exatamente uma ruptura com a ordem jurídica internacional. A existência do direito internacional nessas circunstâncias baseia-se para Grotius precisamente em sua versão do jusnaturalismo, em que a base do direito é a natureza humana racional em si mesma. O próprio pacto comunitário que funda o Estado deriva-se dessa natureza. Portanto, pode-se dizer que se trata de um jusnaturalismo mitigado pelo papel que Grotius atribui ao pacto social, na linha da argumentação adotada posteriormente por Rousseau (ver p.64-70). Ao longo dessa obra, Grotius analisa vários casos históricos à luz dessa posição, como a Guerra dos Trinta Anos, que opôs católicos e protestantes (embora a França católica tenha ficado ao lado dos protestantes, contra a Espanha, por interesses políticos).

I. As disputas que surgem entre aqueles que não são unidos por um laço de leis civis para decidir suas dissenções – como os antigos patriarcas, que não formavam uma comunidade nacional; ou as inúmeras comunidades desconexas, seja sob a direção de indivíduos, reis ou pessoas investidas de poder soberano, como os homens mais eminentes de uma aristocracia e o corpo do povo num governo republicano –, essas disputas têm uma relação com as circunstâncias da guerra ou da paz. Mas como a guerra é empreendida em prol da paz, e não há disputa que não possa dar origem à guerra, será apropriado tratar todas essas querelas entre nações (conforme costumam se dar) como um artigo nos direitos da guerra; e depois a própria guerra nos conduzirá à paz, como a seu fim próprio.

II. Ao tratar dos direitos de guerra, o primeiro ponto que temos de considerar é a definição de guerra, que é o tema de nossa investigação, e a definição de direito, que é o que buscamos estabelecer. Cícero descreveu guerra como uma disputa pela força. Mas prevaleceu o costume de indicar por esse nome não uma ação imediata, mas um estado de coisas; de modo que guerra é o estado de partes em disputa, reconhecido como tal. Essa definição, por sua extensão geral, compreende as guerras de todos os gêneros, que formarão o objeto do presente tratado. Combates isolados não estão tampouco excluídos dessa definição. Pois como são na realidade mais antigos do que guerras públicas, e sem dúvida da mesma natureza, eles podem por conseguinte ser propriamente compreendidos sob um só e mesmo nome. Isso concorda muito bem com a verdadeira derivação da palavra. Pois a palavra latina *"bellum"*, guerra, vem da antiga palavra *"duellum"*, duelo, como *"bonus"* vem de *"duonus"* e *"bis"* de *"duis"*. Ora, *"duellum"* derivou de *"duo"*, e desse modo implicava uma divergência entre duas pessoas, no mesmo sentido em que chamamos paz de "unidade", a partir de *"unitas"*, por uma razão contrária. Assim, a palavra grega *"polemos"*, comumente usada para significar guerra, expressa em sua origem uma ideia de multidão. Os gregos antigos a chamavam também de *"lye"*, que significa uma desunião de mentes; tal como pelo termo *"dye"* designavam a dissolução das partes do corpo. O uso da palavra "guerra" não contradiz tampouco essa sua acepção mais ampla, pois embora por vezes ela seja aplicada somente às disputas entre Estados, isso não é nenhuma objeção, pois é evidente que um nome geral é muitas vezes aplicado a um objeto particular merecedor de distinção peculiar. A justiça não está incluída na definição de guerra, porque o próprio ponto a ser decidido é se alguma guerra é justa, e qual guerra pode ser assim chamada. Portanto, devemos fazer uma distinção entre a guerra em si mesma e a justiça da guerra.

III. Como os direitos de guerra são o tema pelo qual este tratado se distingue, a primeira investigação, como já foi observado, é sobre se alguma guerra é justa, e, em seguida, sobre o que constitui a justiça dessa guerra. Pois, aqui, direito não significa nada além do que é justo, e isso num sentido mais negativo do que positivo; de modo que direito é aquilo que não é injusto. Ora, injusta é qualquer coisa que seja repugnante à natureza da sociedade estabelecida entre criaturas racionais. Assim, por exemplo, privar outrem do que lhe pertence meramente para proveito próprio é repugnante à lei da natureza, como Cícero observa no capítulo V de seu terceiro livro *Dos ofícios*; e, à guisa de prova, ele diz que, se a prática fosse geral, toda sociedade e intercurso entre os homens seriam por força transtornados. Florentino, o Jurista, sustenta que é impiedoso um homem urdir planos contra outro, pois a natureza estabeleceu um grau de parentesco entre nós. Sobre esse assunto, Sêneca observa que, assim como todos os membros do corpo humano concordam entre si, porque a preservação de cada um conduz ao bem-estar do todo, assim também os homens deveriam abster-se de injúrias mútuas, pois eles nasceram para a sociedade, a qual não pode subsistir a menos que todas as partes sejam defendidas por mútua paciência e boa vontade. Mas assim como há um tipo de laço social fundado sobre uma igualdade, por exemplo entre irmãos, cidadãos, amigos, aliados, e outro tipo fundado sobre preeminência, como o descreve Aristóteles, subsistindo entre pais e filhos, senhores e servos, soberanos e súditos, Deus e homens, assim também a justiça ocorre tanto entre iguais como entre governante e partes governadas, a despeito de sua diferença de posição. O primeiro desses laços, se não estou enganado, pode ser chamado o direito de igualdade, e o segundo o direito de superioridade.

IV. Há outra acepção da palavra "direito", diferente dessa, ainda que surja dela, que está diretamente relacionada à pessoa. Nesse sentido, direito é uma qualidade moral anexada à pessoa, habilitando-a justamente a possuir algum privilégio particular, ou a desempenhar algum ato particular. Esse direito está agregado ao indivíduo, embora por vezes acompanhe as coisas, como os títulos de propriedade, que são chamados "direitos reais", em oposição àqueles meramente "pessoais". Não porque não estejam anexados às pessoas, mas a distinção é feita porque eles pertencem somente àqueles que possuem algumas coisas particulares. Tal qualidade moral, quando perfeita, é chamada "capacidade"; quando imperfeita, "aptidão". A primeira responde ao ato, e a segunda ao poder, quando falamos de coisas naturais.

V. Os civis chamam de "capacidade" a prerrogativa de todo homem sobre o que lhe é próprio; mas nós o chamaremos daqui em diante de um "direito", tomando-o em seu sentido estrito e particular. Esse direito compreende o poder que temos sobre nós mesmos, que é chamado liberdade, e o poder que temos sobre os outros, como o de um pai sobre seus filhos e o de um senhor sobre seus escravos. Ele abrange igualmente propriedade, a qual é ou completa ou imperfeita; a propriedade imperfeita é o uso ou possessão de qualquer coisa da qual não se tem a propriedade nem o poder de aliená-la nem garantias detidas por credores até que o pagamento seja feito. Há uma terceira significação que implica o poder de exigir o que é devido, ao qual corresponde a obrigação da parte devedora de quitar o que deve.

VI. O direito, estritamente falando, é mais uma vez duplo: um privado, estabelecido em proveito de cada indivíduo, o outro superior, envolvendo os direitos que o Estado tem sobre indivíduos, e sua propriedade, para o bem público. Assim, a autoridade de um rei está acima daquela de um pai e de um senhor, e o soberano tem mais direito à propriedade de seus súditos, no que diz respeito ao bem público, do que os próprios donos. E quando as exigências do Estado requerem um suprimento, todo homem está mais obrigado a contribuir para ele do que a satisfazer seus credores.

QUESTÕES E TEMAS PARA DISCUSSÃO

1. Em que sentido o jusnaturalismo de Grotius pode ser visto como rompendo em grande parte com teorias medievais como a de são Tomás de Aquino?
2. Que relação o direito internacional tem, segundo Grotius, com a racionalidade humana?
3. Como se relacionam o direito natural e o direito internacional, segundo a doutrina de Grotius?
4. Qual a especificidade da questão da guerra para o direito internacional, segundo Grotius?

LEITURAS SUGERIDAS

Grócio, Hugo. *O direito da guerra e da paz*. Ijuí, Unijuí, 2004.

Barreto, Vicente de Paula (org.). *Dicionário de filosofia do direito*. São Leopoldo/Rio de Janeiro, Unisinos/Renovar, 2006.

Macedo, Paulo Emílio V.B. de. *Hugo Grócio e o direito: o jurista da guerra e a paz*. Rio de Janeiro, Lumen Juris, 2006.

MONTESQUIEU

O pensador francês Charles Louis de Sécondat, barão de La Brède de Montesquieu (1689-1755), foi um dos mais importantes e influentes teóricos da política e do Estado moderno. Teve uma carreira política e destacou-se como jurista participando do parlamento de Bordeaux. Dedicou-se também à literatura, sendo eleito para a Academia Francesa graças ao sucesso de suas *Cartas persas* (1721). Nessa obra, utiliza como recurso estilístico para a crítica da sociedade de sua época o ponto de vista de um personagem estrangeiro – um viajante persa – que faz observações a respeito da França, mostrando surpresa diante dos hábitos e crenças dos franceses. Escreveu também *Considerações sobre as causas da grandeza dos romanos e de sua decadência* (1734), em que analisa as transformações na política e na sociedade romana de um ponto de vista histórico. Procura com isso extrair elementos para o entendimento de sua própria sociedade, em uma visão comparativa.

Um de seus mais importantes legados foi a doutrina da independência dos três poderes – Executivo, Legislativo e Judiciário –, essencial para o equilíbrio das forças políticas em uma sociedade (*O espírito das leis*, livro V, capítulo 14). Esse princípio da autonomia dos poderes teve grande influência na formação do Estado moderno e foi adotado com frequência pelas novas nações que se estabeleceram nos séculos XVIII e XIX, como por exemplo Estados Unidos e Brasil.

Contemporâneo de Voltaire e um pouco mais velho do que Diderot, Montesquieu foi um dos principais representantes dos intelectuais franceses que fizeram parte do círculo de pensadores do Iluminismo. Foi também colaborador da *Enciclopédia*, a grande obra desse período, simbolizando a importância do projeto educacional e de progresso social dos iluministas.

O ESPÍRITO DAS LEIS
Lei natural e lei positiva

Essa obra, publicada em 1748, foi composta ao longo da década anterior e compreende uma análise política e social do processo através do qual uma sociedade se constitui e estabelece seu sistema de leis. Montesquieu procura assim entender as leis não só no sentido estritamente jurídico, mas situando-as inclusive em seu contexto histórico, religioso e geográfico, levando em conta até mesmo aspectos demográficos e climáticos. Sua análise apresenta as leis como resultado do processo político e da forma de governo das diferentes nações. Isso pode ser ilustrado pelo longo capítulo (livro XI, cap.6) sobre a Constituição da Inglaterra, que toma como base os *Tratados do governo civil* (1690), de John Locke.

Dentro da postura do Iluminismo enciclopedista, Montesquieu visa não apenas o leitor especializado, composto por juristas, filósofos, políticos, mas também o público em geral, para que este possa dessa forma entender melhor sua própria sociedade e contribuir para aperfeiçoá-la. Isso explica sua ambição de compor um livro claro, preciso, acessível, formulando uma autêntica "ciência das leis".

Montesquieu foi um dos grandes inspiradores do ideário da Revolução Francesa, influência que se reflete tanto na *Declaração dos direitos do homem e do cidadão* (1789), quanto na *Constituição* de 1791.

Por outro lado, *O espírito das leis* suscitou, à época, muitas críticas e muita oposição, o que levou Montesquieu a publicar em resposta, em 1750, uma *Defesa do "Espírito das leis"*.

A passagem aqui selecionada, que faz parte do livro I, discute a natureza da lei e a distinção entre lei natural e lei positiva.

I. Das leis em suas relações com os diversos seres

...

O homem, como ser físico, é, assim como os demais corpos, governado por leis invariáveis. Como ser inteligente, ele viola incessantemente essas leis, que Deus estabeleceu, e modifica as que ele próprio estabelece. Cumpre-lhe conformar-se a elas e, não obstante, ele é um ser limitado, sujeito à ignorância e ao erro, como todas as inteligências finitas; os débeis conhecimentos que detém, ele também os perde: como criatura sensível, é joguete de mil paixões. Tal ser poderia a qualquer instante esquecer seu criador – Deus chamou-o a si mediante as leis da religião. Tal ser poderia a todo instante esquecer-se de si mesmo – os filósofos o advertiram quanto a isso mediante as leis da moral. Feito para viver em sociedade, nela ele poderia esquecer os outros – os legisladores o remeteram a seus deveres mediante as leis políticas e civis.

II. Das leis da natureza

Anteriores a todas essas leis, existem as da natureza, assim denominadas por derivarem unicamente da constituição de nosso ser. Para conhecê-las bem, convém considerar o homem antes do surgimento das sociedades. As leis da natureza serão aquelas que ele receberia nesse estado.

A lei que, imprimindo em nós a ideia de um criador, nos orienta para ele é a primeira das leis naturais por sua importância, e não na ordem dessas leis. O homem, no estado de natureza, deteria mais a faculdade de conhecer do que conhecimentos. Está claro que suas primeiras ideias não seriam ideias especulativas: antes de procurar a origem de seu ser, ele pensaria em sua conservação. Tal homem não sentiria inicialmente senão sua fraqueza; sua timidez seria extrema; e, caso seja necessária alguma prova disso, tomemos os homens selvagens encontrados na floresta: tudo os faz tremer e fugir.

Nesse estado, todos se sentem inferiores; basicamente, sentem-se todos iguais. Ninguém buscaria então atacar o outro, e a paz seria a primeira lei natural.

O desejo primordial que Hobbes atribui aos homens, o de subjugarem-se mutuamente, não é razoável. A ideia de controle e dominação é tão complexa, e depende de tantas outras ideias, que não seria a primeira que o homem teria.

Hobbes pergunta: "Por que, não se encontrando naturalmente em estado de guerra, os homens andam sempre armados e por que usam chaves para trancar suas casas?" Não percebe, contudo, que assim atribui aos homens, antes do surgimento das sociedades, o que só lhes pode ter acontecido depois desse surgimento, o qual ensejará motivos para se atacarem e se defenderem.

À sensação de fraqueza, o homem acrescentaria a sensação de suas necessidades. Assim, outra lei natural seria aquela que o estimularia a procurar comida.

Eu disse que o temor levaria os homens a fugir uns dos ouros, mas as demonstrações de um temor recíproco os incitariam antes a aproximar-se. Aliás, seriam levados a isso pelo prazer que um animal sente à aproximação de um outro de sua espécie. A propósito, esse encantamento, que os dois sexos se inspiram por sua diferença, aumentaria tal prazer; e a sedução natural e mútua seria uma terceira lei.

Além dos sentimentos que os homens experimentam originariamente, eles também possuem conhecimentos; assim, cultivam um segundo laço de que os demais animais não dispõem. Têm, portanto, um novo motivo para se unir; e o desejo de viver em sociedade é uma quarta lei natural.

III. Das leis positivas

Tão logo se veem em sociedade, os homens perdem a sensação de sua fraqueza; a igualdade, que existia entre eles, cessa e tem início o estado de guerra.

Cada sociedade particular passa a sentir sua força, o que produz um estado de guerra de nação contra nação. Os indivíduos, em cada uma delas, começam a sentir sua força e buscam tirar proveito das principais vantagens dessa sociedade, o que gera entre eles um estado de guerra.

Esses dois tipos de guerra levam à criação de leis entre os homens. Enquanto habitantes de um planeta tão grande que faz necessária a existência de diferentes povos, vigoram leis na relação que mantêm entre si; tal é o *direito das gentes*.[1] Enquanto membros de uma sociedade que deve ser mantida, vigoram leis na relação que os governantes mantêm com os governados; tal é o *direito político*. Vigoram leis igualmente na relação que todos os cidadãos mantêm entre si; tal é o *direito civil*.

O direito das gentes fundamenta-se naturalmente no seguinte princípio: na paz, as diversas nações devem se fazer o máximo de bem possível e, na guerra, o mínimo de mal possível, sem prejudicar seus verdadeiros interesses.

A finalidade da guerra é a vitória; a da vitória, a conquista; a da conquista, a conservação. Desse princípio e do anterior devem derivar todas as leis que formam o direito das gentes.

Todas as nações possuem um direito das gentes; os próprios iroqueses, que devoram seus prisioneiros, têm um. Eles enviam e recebem embaixadores; conhecem direitos da guerra e da paz; o mal é que esse direito das gentes não está fundado em princípios verdadeiros.

Além do direito das gentes, que diz respeito a todas as sociedades, existe um direito político para cada uma delas. Uma sociedade seria incapaz de subsistir sem um governo. "A reunião de todas as forças particulares", diz muito bem Gravina,[2] "forma o que chamamos de Estado político."

A força geral pode ser colocada nas mãos de *um único*, ou nas mãos de *vários*. Houve quem sustentasse que, tendo a natureza estabelecido o pátrio poder, o governo de um único era o mais conforme à natureza. Mas o exemplo do poder paterno não prova nada. Pois, se o poder do pai tem relação com o governo de um único, após a morte do pai o poder dos irmãos, ou o

---

1. I.e., o direito internacional.

2. Giovanni Vicenzo Gravina (1664-1718) foi um jurista italiano autor de uma importante obra intitulada *Origines juris civilis*.

dos primos-irmãos após a morte dos irmãos, tem relação com o governo de vários. A força política pressupõe necessariamente a união de várias famílias.

É preferível dizer que o governo mais conforme à natureza é aquele cuja disposição particular relaciona-se melhor com a disposição do povo para o qual ele foi estabelecido.

As forças particulares não podem se unir sem que todas as vontades se unam. "A reunião dessas vontades", exprime-se novamente muito bem Gravina, "é o que chamamos de Estado civil."

A lei, em geral, é a razão humana, na medida em que governa todos os povos da Terra; e as leis políticas e civis de cada nação não devem ser senão os casos particulares aos quais essa razão humana se aplica.

Elas devem ser de tal forma apropriadas ao povo para o qual são feitas que seria um tremendo acaso as de determinada nação adequarem-se a outra.

Convém que elas se relacionem com a natureza e o princípio do governo estabelecido ou que se almeja estabelecer – seja formando-o, como fazem as leis políticas, seja mantendo-o, como fazem as leis civis.

Elas devem ser relativas às características *físicas* do país; ao clima gélido, escaldante ou temperado; à qualidade do solo, à sua situação, às suas dimensões; ao tipo de vida dos povos, lavradores, caçadores ou pastores; ao grau de liberdade que sua constituição é capaz de tolerar; à religião dos habitantes, suas inclinações, suas riquezas, seu número, seu comércio, seus costumes, suas maneiras. Por fim, elas mantêm relações entre si; relacionam-se com sua origem, com a finalidade do legislador, com a ordem das coisas sobre as quais estão estabelecidas. É sob todos esses aspectos que devemos considerá-las.

É o que pretendo fazer nesta obra. Examinarei todas essas relações: em seu conjunto, elas formam o que denominamos o espírito das leis.

Não separei as leis políticas das civis: pois, como não abordo as leis, e sim o espírito das leis, e esse espírito consiste nas diversas relações que as leis podem entreter com as diversas coisas, fui obrigado a seguir menos a ordem natural das leis do que a dessas relações e dessas coisas.

Examinarei primeiramente as relações das leis com a natureza e com o princípio de cada governo; como esse princípio exerce suprema influência sobre as leis, empenhar-me-ei em conhecê-lo a fundo; e, caso venha a estabelecê-lo, veremos as leis nascerem dele como de uma fonte. Passarei em seguida às outras relações, que parecem ser mais específicas.

QUESTÕES E TEMAS PARA DISCUSSÃO

1. Qual o sentido do projeto político, jurídico e educacional do *Espírito das leis*?
2. Como Montesquieu caracteriza, nesse texto, a distinção entre "lei natural" e "lei positiva"?
3. Em que sentido Montesquieu relaciona o sistema de leis a determinadas características da sociedade, inclusive físicas (por exemplo, solo, clima etc.)?
4. Como se pode entender a concepção de Montesquieu em comparação com as de Rousseau e Grotius, analisadas neste volume?

LEITURAS SUGERIDAS

Montesquieu, Charles de. *O espírito das leis*. São Paulo, Martins Fontes, 2000. Versão online: portugues.free-ebooks.net/ebook/O-espirito-das-Leis

Barreto, Vicente de Paula (org.). *Dicionário de filosofia do direito*. São Leopoldo/Rio de Janeiro, Unisinos/Renovar, 2006.

Starobinski, Jean. *Montesquieu*. São Paulo, Companhia das Letras, 1990.

BECCARIA

De origem aristocrática, Cesare Bonesana de Beccaria (1738-1794), o marquês de Beccaria, foi um filósofo, jurista, economista e pensador político italiano, notável por sua contribuição ao direito penal e por se opor em sua principal obra, *Dos delitos e das penas* (1764), à tortura e à pena de morte, influenciando fortemente o debate em torno dessas questões em sua época.

Seu pensamento foi marcado pelo de Montesquieu e pela filosofia do Iluminismo, sobretudo o francês. Sua obra é inspirada também pela tentativa de interferir no contexto conturbado da sociedade de então, em particular nos conflitos que tumultuavam a região de Milão, propondo a necessidade de reformas políticas com sólida base jurídica. Essa influência pode ser exemplificada pela abolição da pena de morte no grão-ducado da Toscana, o primeiro Estado moderno a tomar tal medida.

Àquele tempo, em Milão, onde também lecionou direito e economia, Beccaria participou ativamente do contexto político, tendo sido membro de uma comissão para a reforma jurídica. Dentro do espírito do racionalismo iluminista e da crítica à influência da Igreja na sociedade italiana, defendeu que a justiça não deve estar subordinada a princípios religiosos e que uma condenação não pode ser vista como vingança ou castigo contra uma ofensa à lei divina, devendo-se distinguir o crime do pecado. O princípio fundamental da justiça é o da sua utilidade para a sociedade. Portanto, segundo Beccaria, o Estado não tem o direito de tirar a vida de seus cidadãos, dado que a pena de morte não é útil para a sociedade, pois não contribui para seu aperfeiçoamento moral e político. Beccaria pode ser considerado um precursor do utilitarismo – e de fato seu pensamento influenciou o de Jeremy Bentham.

A concepção de Beccaria em relação às penas está relacionada diretamente à ideia de prevenção do crime: aquele que pretende cometer um delito pode dessa forma saber a qual penalidade está sujeito, e assim evitá-lo.

Com isso, previne-se a arbitrariedade da caracterização de delitos e das penas correspondentes. O cálculo das sanções deve levar em conta a natureza do crime, e a pena deve ser sempre definida considerando sua gravidade e o dano causado. Beccaria propõe portanto que o estabelecimento das penas supõe o que denominamos hoje de "estado de direito", no sentido de que as leis devem ter sido legitimamente estabelecidas e que deve haver uma racionalidade na concepção da penalidade a ser aplicada.

DOS DELITOS E DAS PENAS
As leis e as penas

> Publicada em 1764, essa obra teve grande influência na definição e no desenvolvimento do direito penal, com vasta repercussão na época, suscitando um debate nesse campo que continua ainda hoje. Kant, por exemplo, em sua *Metafísica dos costumes* (E, I, 9) toma Beccaria como referência para a discussão a respeito da pena de morte.

1. A origem das penas

As leis são as condições que permitiram que se reunissem em sociedade homens independentes e isolados, cansados de viver num permanente estado de guerra e de desfrutar de uma liberdade cuja conservação era incerteza, o que a tornava inútil. Decidiram então sacrificar uma parte dessa liberdade para poder desfrutar do restante com segurança e tranquilidade. A soma de todas essas porções de liberdade sacrificadas para o bem de cada um forma a soberania de uma nação, e o soberano é seu legítimo depositário e administrador. Mas não bastava formar esse depósito, era necessário defendê-lo das usurpações privadas de cada homem em particular, que sempre tenta retirar do depósito não apenas a própria porção, como também a dos outros. Isso requeria motivos sensíveis capazes de desviar o espírito despótico de cada homem do impulso de reimergir as leis da sociedade no antigo caos. Esses motivos sensíveis são as penas estabelecidas contra os infratores das leis. Digo "motivos sensíveis" porque a experiência mostrou que a multidão não adota princípios estáveis de conduta, nem se afasta daquele princípio universal de dissolução que se observa no universo físico e moral, se não for levada por motivos que atinjam imediatamente os sentidos e que se apresentem à mente de modo contínuo para contrabalançar as fortes impressões das paixões parciais que se opõem ao bem universal: nem a eloquência, nem as declamações e nem tampouco as mais sublimes verdades são suficientes para frear por longo tempo as paixões excitadas pelos vivos apelos dos objetos presentes.

2. Direito de punir

Qualquer pena que não derive da necessidade, diz o grande Montesquieu, é tirânica, proposição que a seguinte formulação pode tornar mais geral: qualquer ato de autoridade de homem a homem que não derive da absoluta necessidade é tirânico. Eis, portanto, a base sobre a qual se funda o direito do soberano de punir os delitos: a necessidade de defender o depósito da segurança pública das usurpações de particulares; e as penas serão tanto mais justas quanto mais sagrada e inviolável for a segurança e maior a liberdade que o soberano concede a seus súditos. Consultemos o coração humano e nele encontraremos os princípios fundamentais do verdadeiro direito do soberano de punir os delitos, pois não se pode esperar nenhuma vantagem durável da política moral se ela não for baseada nos sentimentos indeléveis do homem. Qualquer lei que se desvie deles sempre encontrará uma resistência contrária que acabará vencendo, da mesma maneira que uma força aplicada continuamente, mesmo que mínima, vence qualquer movimento violento infligido a um corpo.

Nenhum homem abre mão gratuitamente de parte da própria liberdade tendo em vista o bem público; essa quimera só existe em romances; todos nós gostaríamos, se fosse possível, que os pactos que obrigam os outros não nos obrigassem; todo homem se vê como o centro de todas as combinações do mundo.

A multiplicação do gênero humano, pequena em si mesma, mas muito superior aos meios que a natureza estéril e abandonada oferecia para satisfazer as necessidades constantes, reuniu os primeiros selvagens. Essas uniões primitivas deram necessariamente origem a outras, criadas para resistir às primeiras, e assim o estado de guerra transportou-se dos indivíduos para as nações.

Foi, portanto, a necessidade que obrigou os homens a ceder parte da própria liberdade – tanto é verdade, que nenhum de nós está disposto a colocar no depósito público nada além do mínimo possível, apenas o suficiente para induzir os outros a defendê-lo. O agregado dessas mínimas porções possíveis forma o direito de punir; tudo que vai além disso é abuso e não justiça, é fato e não mais direito. Observem que a palavra "direito" não é contraditória em relação à palavra "força"; na verdade, a primeira é antes uma modificação da segunda, a modificação mais útil à maioria. E entendo por justiça apenas e tão somente o vínculo necessário para manter unidos os interesses particulares, que sem isso desapareceriam no antigo estado de insociabilidade; todas as penas que ultrapassem a necessidade de conservar esse vínculo são injustas por natureza. É preciso tomar cuidado ao relacionar a palavra "justiça" à ideia de alguma coisa real, como uma força física ou um ser existente; ela é apenas uma maneira de pensar dos humanos, maneira esta que influi infinitamente na felicidade de cada um. Tampouco entendo por justiça aquela outra espécie que emana de Deus e que tem relações imediatas com as penas e recompensas da vida por vir.

3. Consequências

A primeira consequência desses princípios é que somente as leis podem decretar a pena para os delitos, e que a autoridade para tanto só pode residir na figura do legislador, que representa toda a sociedade unida por um contrato social; nenhum magistrado (que também é parte da sociedade) pode, com justiça, infligir penas [não previstas pelo legislador] contra um outro membro da própria sociedade. Uma pena maior do que o limite fixado pelas leis é como acrescentar um nova pena àquela justa; portanto, nenhum magistrado pode, sob qualquer pretexto de zelo ou de bem público, aumentar a pena estabelecida para um delinquente cidadão.

A segunda consequência é que, se cada membro singular é ligado à sociedade, esta também é ligada a cada membro singular por um contrato que, por sua natureza, obriga as duas partes. Essa obrigação, que desce desde o trono até a cabana, que submete do mesmo modo tanto o maior quanto o mais miserável entre os homens, significa tão somente que é interesse de todos que os pactos úteis para a maioria sejam observados. A violação, mesmo de um único deles, é um começo de autorização da anarquia. O soberano, que representa a própria sociedade, só pode formar leis gerais que obriguem todos os membros, mas não pode julgar se alguém violou ou não o contrato social, pois do contrário a nação se veria dividida em duas partes, uma representada pelo soberano, que afirma a violação do contrato, e a outra pelo acusado, que a nega. Portanto, é necessário que um terceiro julgue a verdade do fato. Surge então a necessidade de um magistrado, cujas sentenças sejam inapeláveis e consistam em simples confirmações ou negações de fatos particulares.

A terceira consequência é que, ainda que ficasse provado que a atrocidade das penas, mesmo que não se oponha diretamente ao bem público e ao próprio fim de impedir os delitos, é simplesmente inútil, ainda assim ela seria não somente contrária àquelas virtudes benéficas que são o efeito de uma razão iluminada, que prefere comandar homens felizes e não um rebanho de escravos no qual se perpetuaria a circulação de uma tímida crueldade, mas contrária também à justiça e à própria natureza do contrato social.

4. Interpretação das leis

Eis a quarta consequência. Tampouco a autoridade de interpretar as leis penais pode residir na figura dos juízes criminais, pela simples razão de que não são legisladores. Os juízes não receberam as leis dos nossos antepassados como uma tradição doméstica e um testamento que deixava aos pósteros apenas e tão somente o cuidado de obedecê-las: recebem-nas da sociedade viva ou do soberano que a representa, como legítimo depositário do atual resultado da vontade de todos; recebem-nas não como obrigações de um antigo juramento – nulo, porque obrigava vontades não existentes, iníquo, porque rebaixava os homens de um estado de sociedade a um estado de bando –, mas como efeitos de um juramento tácito ou expresso que as vontades reunidas dos súditos vivos fizeram ao soberano, como vínculos necessários para frear e controlar o fermento interior dos interesses particulares. Essa é a física e real autoridade das leis. Quem será então o legítimo intérprete das leis? O soberano, ou seja, o depositário das efetivas vontades de todos, ou o juiz, cujo ofício é apenas examinar se tal homem cometeu ou não uma ação contrária à lei?

Diante de cada delito, o juiz deve realizar um silogismo perfeito: a premissa maior deve ser a lei geral; a menor, a ação conforme ou não à lei; a conclusão, a liberdade ou a pena. Um único silogismo a mais, não importa se o juiz o fizer obrigado ou por vontade própria, abre a porta para a incerteza.

Não existe nada mais perigoso do que aquele axioma corrente de que é necessário consultar o espírito da lei. É como um dique rompido para a torrente das opiniões. Embora possa parecer um paradoxo para as mentes vulgares, mais sensíveis às pequenas desordens do momento do que às funestas mas remotas consequências que podem nascer de um falso princípio radicado numa nação, trata-se, para mim, de uma verdade demonstrada. Nossos conhecimentos e todas as nossas ideias têm uma conexão recíproca; quanto mais complicados, mais numerosos são os caminhos que deles partem e chegam. Cada homem tem o seu ponto de vista e cada um tem um ponto de vista diferente, em épocas diferentes. O espírito da lei seria, portanto, o resultado da boa ou má lógica de um juiz, de uma digestão fácil ou difícil, dependeria da violência de suas paixões, da fraqueza de quem sofre, das relações do juiz com o ofendido e de todas aquelas forças mínimas que mudam a aparência de cada objeto no ânimo flutuante do homem. E assim vemos a sorte de um cidadão mudando várias vezes em sua passagem por diversos tribunais, e as vidas dos miseráveis vitimadas pelos falsos raciocínios ou pelo fermento momentâneo dos humores de um juiz, que toma como interpretação legítima o vago resultado de toda aquela confusa série de noções que lhe move a mente. E assim vemos, no mesmo tribunal, os mesmos delitos punidos de maneiras diferentes em tempos diversos, porque ele decidiu consultar não a constante e precisa voz da lei, mas a errante instabilidade das interpretações.

Uma desordem nascida da rigorosa observância da letra de uma lei penal não pode ser comparada às desordens que nascem da interpretação. Um determinado inconveniente momentâneo leva à fácil e necessária correção dos termos da lei que causaram a incerteza, mas impede a fatal licenciosidade do raciocínio, da qual nascem as arbitrariedades e as controvérsias venais. Quando um código fixo de leis, que devem ser observadas à letra, não deixa ao juiz outra incumbência senão examinar as ações dos cidadãos e julgá-las conformes ou desconformes à lei escrita; quando a norma do justo e do injusto, que deve dirigir as ações tanto do cidadão ignorante quanto do cidadão filósofo, não é objeto de controvérsia, mas de fato, então os súditos não ficam sujeitos às arbitrariedades de muitos pequenos tiranos, tão mais cruéis quanto menor é a distância entre quem sofre e quem faz sofrer, e mais fatais do que aquelas de um só, pois o despotismo de muitos só pode ser corrigido pelo despotismo de um só, e a crueldade de um déspota é proporcional não à sua força, mas aos obstáculos. E assim os cidadãos adquirem aquela segurança de si mesmos que é justa por ser o objetivo que leva os homens a viver em sociedade, que é útil porque lhes dá condições de calcular exatamente os inconvenientes de um malfeito. E é verdade, ademais, que adquirem também um espírito de independência, não desrespeitoso das leis e recalcitrante aos supremos magistrados, mas independente em relação àqueles que ousaram dar o sagrado nome de virtude à fraqueza de ceder aos próprios interesses ou opiniões caprichosas. Tais princípios desagradarão àqueles que criaram para si o direito de transmitir aos inferiores os golpes de tirania que receberam de seus superiores. Teríamos tudo a temer se o espírito de tirania fosse compatível com o espírito de leitura.

5. A obscuridade das leis

Se a interpretação das leis é um mal, é evidente que a obscuridade também seria um mal, pois carrega necessariamente consigo a interpretação, e o mal será muito maior se as leis forem escritas numa língua estranha ao povo, que o coloque na dependência de alguns poucos, não podendo julgar por si mesmo qual seria o destino de sua liberdade ou de seus membros, numa língua que faça de um livro solene e público um outro quase privado e doméstico. O que podemos pensar dos homens quando lembramos que esse é o inveterado costume de boa parte da culta e iluminada Europa! Quanto maior for o número daqueles que entendem e têm entre as mãos o sagrado código das leis, menos frequentes serão os delitos, pois não há dúvida de que a ignorância e a incerteza das penas ajudam a eloquência das paixões.

Uma consequência dessas últimas reflexões é que, sem a escrita, sociedade alguma jamais assumirá uma forma fixa de governo, na qual a força seja efeito do todo e não das partes e na qual as leis, alteráveis apenas e tão somente pela vontade geral, não se corrompam ao passar pela multidão dos interesses privados. A experiência e a razão nos fizeram ver que a probabilidade e a certeza das tradições humanas diminuem à medida que se afastam da fonte, pois se não existe um monumento estável do pacto social, como resistiriam as leis à força inevitável do tempo e das paixões?

Isso nos mostra o quanto é útil a imprensa, que faz do público, e não de alguns poucos, o depositário das santas leis, e o quanto ela serviu para dissipar o espírito tenebroso de maquinação e de intriga que desaparece diante dos lumes e das ciências aparentemente desprezadas e realmente temidas pelos discípulos desse espírito. Esse é o motivo pelo qual vemos diminuir na Europa a atrocidade dos delitos que faziam gemer nossos antepassados, os quais oscilavam alternadamente de tiranos a escravos. Quem conhece a história de dois ou três séculos atrás e a nossa poderá ver que, no seio do luxo e da indolência, nasceram as mais doces virtudes: a humanidade, a benevolência, a tolerância para com os erros humanos. E verá quais foram os efeitos daquela que é equivocadamente chamada de antiga simplicidade e boa-fé: a humanidade plangente sob a implacável superstição, a avareza, a ambição de poucos tingindo de sangue humano os escrínios do ouro e os tronos dos reis, as traições ocultas, os massacres públicos, cada nobre um tirano da plebe, os ministros da verdade evangélica sujando de sangue as mãos que ofereciam diariamente ao Deus da mansidão; nada disso é obra deste século iluminado, que alguns chamam de corrupto.

6. Proporção entre os delitos e as penas

É de interesse comum não somente que não se cometam delitos, mas também que eles sejam mais raros na proporção do mal que causam à sociedade. Portanto, os obstáculos que afastam os homens do crime devem ser mais fortes na medida em que os delitos são mais danosos ao bem público e na mesma medida dos estímulos que os empurram para ele. Deve existir, portanto, uma proporção entre os delitos e as penas.

É impossível prevenir todas as desordens no combate universal das paixões humanas. Elas crescem na razão composta da população e do cruzamento dos interesses particulares, que não é possível desviar geometricamente para a utilidade pública. A exatidão matemática deve ser substituída, na aritmética política, pelo cálculo das probabilidades. Basta observar as histórias para ver as desordens crescerem junto com as fronteiras dos impérios e, encolhendo na mesma proporção o sentimento nacional, o impulso em direção aos delitos cresce na razão do interesse que cada um tem nas próprias desordens – logo, a necessidade de agravar as penas vai, por esse motivo, aumentando cada vez mais.

A força semelhante à gravidade que nos empurra para o nosso bem-estar só se mantém na medida dos obstáculos que a ela se opõem. O efeito dessa força é a série confusa das ações humanas: se estas se chocam mutuamente e se ofendem, as penas, que chamarei de obstáculos políticos, impedem seu efeito nocivo sem destruir a causa impelente, que é a própria sensibilidade inseparável do homem, e o legislador deve fazer como o hábil arquiteto, cujo ofício é opor-se às direções ruinosas da gravidade e favorecer aquelas que contribuem para a força do edifício.

Dada a necessidade da reunião dos homens, dados os pactos que resultam necessariamente da própria oposição dos interesses privados, existe uma escala de desordens, na qual o primeiro grau é representado por aquelas que destroem imediatamente a sociedade e o último pela mínima injustiça possível feita a membros privados dessa sociedade. Entre esses extremos, estão compreendidas todas as ações opostas ao bem público, que se chamam delitos, e todas vão decrescendo em graus sensíveis do mais sublime ao mais ínfimo. Se a geometria fosse adaptável às infinitas e obscuras combinações das ações humanas, deveria existir uma escala correspondente de penas, decrescendo da mais forte à mais fraca; mas ao sábio legislador bastará indicar os pontos principais sem perturbar a ordem, não decretando aos delitos de primeiro grau as penas de último. Se existisse uma escala exata e universal das penas e dos delitos, teríamos uma medida provável e comum dos graus de tirania e de liberdade, do fundo de humanidade ou de malícia das diversas nações.

Qualquer ação não compreendida entre os dois limites acima mencionados não pode ser chamada de delito ou punida como tal, senão por aqueles que têm algum interesse em chamá-la assim. A incerteza desses limites produziu nas nações uma moral que contradiz a legislação, várias legislações vigentes que se excluem mutuamente, uma multidão de leis que expõem o mais sensato às penas mais rigorosas; e, assim, tornou vagos e flutuantes os termos de "vício" e de "virtude"; e, assim, deu origem à incerteza a respeito da própria existência, que produz nos corpos políticos um sono letárgico e fatal. Quem quer que leia os códigos das nações e seus anais com olhos filosóficos, verá que quase sempre os nomes de "vício" e de "virtude", de "bom cidadão" e de "réu" se transformam com as revoluções dos séculos, não em razão das mutações que ocorrem nas circunstâncias dos países – as quais são, por consequência, sempre conformes ao interesse comum –, mas em razão das paixões e dos erros que agitaram sucessivamente os diferentes legisladores. Verá com bastante frequência que as paixões de um século são a base da moral dos séculos futuros; que as paixões fortes, filhas do fanatismo e do entusiasmo, debilitadas e corroídas, por assim dizer, pelo tempo, que reduz todos os fenômenos físicos e morais ao equilíbrio, transformam-se pouco a pouco na prudência do século e num instrumento útil nas mãos do forte e do astuto. Foi desse modo que nasceram as obscuríssimas noções de honra e de virtude, que assim o são porque mudam com as revoluções do tempo, que faz os nomes sobreviverem às coisas, porque mudam com os rios e com as montanhas, que com frequência são os confins não somente da geografia física, mas também da geografia moral.

Se o prazer e a dor são os motores dos seres sensíveis e se, entre os incentivos que motivam os homens até mesmo às mais sublimes operações, o legislador invisível escolheu o prêmio e a pena, da inexata distribuição destes últimos nascerá uma contradição, tão frequente como pouco mencionada, na qual as penas punem delitos que elas próprias fizeram nascer. Se uma mesma pena é aplicada a dois delitos que ofendem a sociedade de maneira desigual, um castigo mais forte não impedirá os homens de cometer o delito maior, caso associado a ele encontrem uma vantagem maior. 99

QUESTÕES E TEMAS PARA DISCUSSÃO

1. Como Beccaria explica no texto a origem e o papel das leis?
2. Em que sentido o tratamento que Beccaria dá à questão dos delitos e das penas é inovadora e influencia o direito penal moderno?
3. Em que medida pode-se dizer que a proposta de Beccaria supõe uma concepção de "estado de direito" (seção 3)?
4. Por que pode-se dizer que a concepção de Beccaria deve ser interpretada de acordo com o papel preventivo da justiça?
5. Em que medida a discussão no texto a respeito da natureza da lei e de sua interpretação e aplicação (seções 4 e 5) reflete seu racionalismo?

LEITURAS SUGERIDAS

Beccaria, Cesare. *Dos delitos e das penas*. Bauru, Edipro, 2003.

Barreto, Vicente de Paula (org.). *Dicionário de filosofia do direito*. São Leopoldo/Rio de Janeiro, Unisinos/Renovar, 2006.

Bobbio, Norberto. *A era dos direitos*. Rio de Janeiro, Campus, 1992.

ROUSSEAU

Nascido em Genebra, Jean-Jacques Rousseau (1712-1778) foi um dos mais influentes pensadores do século XVIII. Escreveu não apenas obras de filosofia, política, educação, mas também romances, poemas, uma célebre autobiografia – *As confissões* – e até mesmo uma ópera, *O adivinho do vilarejo*.

Pensador da liberdade e crítico da autoridade e das instituições, Rousseau influenciou de forma marcante o pensamento político e social de sua época. Suas obras foram consideradas inclusive uma inspiração para a Revolução Francesa, tanto que, em 1794, os revolucionários transferiram seus restos mortais para o Panteão em Paris.

Mas, dada a variedade de seus interesses e de seus escritos, sua influência estendeu-se também para outras áreas, como educação, literatura, psicologia e, sobretudo, filosofia. O ponto de partida de sua reflexão é a natureza humana e a concepção de um ser humano próximo da natureza que depois passa a ser desvirtuado pela desigualdade, pela violência, pelo interesse e pela competição social. É o processo de socialização, que resulta da impossibilidade de os homens sobreviverem apenas da natureza e terem que viver em sociedade, o que gera a maior parte dos "vícios" humanos, como a vaidade e o egoísmo, e a subserviência e o medo. Em sua famosa obra *Emílio ou Sobre a educação*, Rousseau reflete a respeito da possibilidade de se educar o indivíduo de modo que ele possa resistir ou superar essas "deformações" sociais, desenvolvendo um pensamento independente e tornando-se autônomo. Crítico do racionalismo moderno, enfatiza a importância dos sentimentos e emoções na formação dos indivíduos e nas relações sociais.

Pensador polêmico, Rousseau foi censurado e perseguido pelo Estado (inclusive pela República de Genebra, que proibiu o *Contrato social*) e pela Igreja, vivendo um período exilado na Inglaterra. Pertenceu ao círculo dos intelectuais iluministas na França, como Voltaire, com quem polemizou, e Diderot, igualmente críticos da monarquia e da Igreja. Contribuiu inclusive para a *Enciclopédia*, editada por Diderot, uma das obras mais importantes do Iluminismo francês.

Rousseau não foi propriamente um pensador jurídico, mas um teórico da política, contudo sua obra *O contrato social* (1762) teve influência decisiva na formação do pensamento jurídico moderno. Significativamente, tem como subtítulo "Princípios do direito político".

O CONTRATO SOCIAL
O pacto social e a origem das leis

Nessa obra Rousseau reflete sobre as condições de formação da sociedade, procurando pensar como a liberdade e a autonomia dos indivíduos pode ser compatível com a sociedade e que modelo de vida social podemos ter que não reduza o indivíduo à subserviência. Portanto, a questão da natureza das leis que governam a sociedade é crucial para a discussão. Rousseau defende uma proposta política e um modelo republicano em que as decisões devem ser tomadas de forma direta pelos cidadãos, sendo contrário aos mecanismos de representação popular que se desenvolveram na teoria política moderna, inclusive no período da Revolução Francesa. Isso, como ele próprio assume, só seria possível em pequenas comunidades. Crítico do Estado moderno, a ordem política que propõe deve permitir que os indivíduos exerçam sua liberdade.

Nesse sentido é significativa sua afirmação na abertura da obra: "Meu intuito é saber se a ordem civil comporta alguma regra de administração legítima e segura, considerando os homens tais como são, e as leis tais como podem ser."

O texto que se segue discute o pacto, ou contrato, social que deve estar na origem das leis e introduz a ideia de um corpo coletivo dos participantes das assembleias que detém o poder deliberativo.

> Meu intuito é saber se a ordem civil comporta alguma regra de administração legítima e segura, considerando os homens tais como são, e as leis tais como podem ser. Tentarei sempre aliar, nesta pesquisa, o que o direito permite com o que o interesse prescreve, a fim de que justiça e utilidade não se vejam dissociadas.

Entro no assunto sem provar sua importância. Perguntam-me se sou príncipe ou legislador para escrever sobre política. Respondo que não e que é por isso que escrevo sobre política. Fosse eu príncipe ou legislador, não perderia meu tempo dizendo o que se deve fazer: eu mesmo faria, ou me calaria.

Nascido cidadão de um estado livre, membro do corpo soberano, por mais débil que possa ser a influência de minha voz nos assuntos públicos o direito de votar basta para me impor o dever de me instruir sobre eles: feliz, todas as vezes que medito nos governos, por sempre encontrar em minhas buscas novas razões para amar o do meu país!

1. Tema deste primeiro livro

O homem nasceu livre e vive acorrentado. Embora se julgue senhor dos outros, não deixa de ser mais escravo do que eles. Como se operou tal mudança? Ignoro. O que a torna legítima? Creio que posso resolver essa questão.

Se eu considerasse apenas a força, e o efeito que dela deriva, eu diria: enquanto um povo é compelido a obedecer e obedece, ele age bem; assim que consegue sacudir o jugo, e o sacode, age ainda melhor, pois, recuperando a liberdade mediante o mesmo direito pelo qual lha confiscaram, ou ele tem fundamento para recuperá-la ou não se tinha nenhum para interditá-la. Mas a ordem social é um direito sagrado que serve de base para todos os demais. Entretanto, esse direito não vem da natureza, fundamentando-se em convenções. Trata-se de saber que convenções são essas. Antes disso, devo dar sustentação ao que acabo de afirmar.

2. Das primeiras sociedades

A mais antiga de todas as sociedades, e a única natural, é a família. Mesmo assim, os filhos não permanecem ligados ao pai senão o tempo que necessitam dele para a autoconservação. Tão logo cessa tal necessidade, o elo natural se dissolve. Os filhos, livres da obediência que deviam ao pai, e o pai, livre dos cuidados que devia aos filhos, ingressam todos na independência. Se permanecem unidos, não é mais naturalmente, é voluntariamente, e a própria família só se mantém por convenção.

Essa liberdade comum é uma consequência da natureza do homem. Sua primeira lei é zelar pela autoconservação, seus primeiros cuidados são os que ele deve a si mesmo. Assim que alcança a idade de razão, sendo por si só juiz dos meios próprios a conservá-lo, ele se torna seu próprio senhor.

Logo, a família é de certa forma o primeiro modelo das sociedades políticas; o chefe é a imagem do pai, o povo é a imagem dos filhos, e todos, tendo nascido iguais e livres, não alienam sua liberdade senão em proveito próprio. A diferença toda está em que, na família, o amor do pai pelos filhos compensa-o dos cuidados que ele lhes dispensa e, no Estado, o prazer de comandar supre esse amor que o chefe não tem por seus povos.

Grotius nega que todo poder humano seja exercido em benefício daqueles que são governados. Cita a escravidão como exemplo. Seu método mais constante de raciocinar é estabelecer sempre o direito pelo fato. Poder-se-ia empregar um método mais consequente, porém não mais favorável aos tiranos. Logo, segundo Grotius, é incerto se o gênero humano pertence a uma centena de homens ou se essa centena de homens pertence ao gênero humano, e ao longo de todo o seu livro ele parece inclinar-se pelo primeiro ponto de vista; esse é também o sentimento de Hobbes. Assim, eis a espécie humana dividida em rebanhos de gado, cada um com seu chefe, que o protege para devorá-lo.

Da mesma forma que um pastor é de natureza superior à de seu rebanho, os pastores de homens, que são seus chefes, também são de natureza superior à de seus povos. Assim raciocinava, segundo Fílon, o imperador Calígula – concluindo com bastante pertinência dessa analogia que os reis eram deuses, ou que os povos eram animais. O raciocínio de Calígula equivale ao de Hobbes e Grotius. Aristóteles, antes deles todos, também afirmara que os homens não são naturalmente iguais, uns nascendo para a escravidão, outros para a dominação.

Aristóteles tinha razão, mas ele tomava o efeito pela causa. Todo homem nascido na escravidão nasce para a escravidão, nada mais certo. Os escravos perdem tudo em seus grilhões, até o desejo de se livrar deles: afeiçoam-se à servidão como os companheiros de Ulisses ao embrutecimento. Logo, se há escravos por natureza, é porque houve escravos contra a natureza. A força fez os primeiros escravos, sua covardia os perpetuou.

Não falei nada do rei Adão, nem do imperador Noé, pai de três grandes monarcas que dividiram o universo entre si, como fizeram os filhos de Saturno, que alguém julgou reconhecer neles. Espero que me sejam gratos por tal moderação, pois, descendendo diretamente de um desses príncipes, e talvez pelo ramo primogênito, quem sabe mediante a verificação dos títulos não me verei o legítimo rei do gênero humano? Seja como for, não podemos negar que Adão foi soberano do mundo, assim como Robinson de sua ilha, enquanto foi seu único habitante, e o que havia de cômodo nesse império era que o monarca, assentado em seu trono, não tinha rebeliões, guerras ou conspiradores a temer.

3. Do direito do mais forte

O mais forte jamais é suficientemente forte para ser o senhor para sempre, caso não transforme sua força em direito e a obediência em dever. Daí o direito do mais forte; direito aparentemente irônico, mas efetivamente estabelecido em princípio. Mas nunca nos explicarão essa expressão? A força é uma potência física; não vejo que moralidade pode resultar de seus efeitos. Ceder à força é um ato de necessidade, não de vontade; é, no máximo, um ato de prudência. Em que sentido poderia ser um dever?

Suponhamos por um momento esse pretenso direito. Afirmo que dele não resulta senão uma balbúrdia inexplicável. Pois a partir do momento em que a força constitui o direito, o efeito muda junto com a causa; toda força que supera a primeira herda seu direito. A partir do momento em que é possível desobedecer impunemente, pode-se fazê-lo com legitimidade, e, uma vez que o forte sempre tem razão, basta agir de maneira a ser o mais forte. Ora, o que é um direito que perece quando a força cessa? Se nos cumpre obedecer à força, não precisamos obedecer por dever e, se não somos mais forçados a obedecer, não somos mais obrigados a tal. Vemos então que a palavra "direito" não acrescenta nada à força; ela não significa absolutamente nada.

Obedecei aos poderes. Se isso quer dizer "cedei à força", o preceito é bom, mas supérfluo, pois afirmo que jamais será violado. Todo poder vem de Deus, admito; mas toda doença também. Quereria isso dizer que é proibido chamar o médico? Se um assaltante me surpreender no recanto de um bosque, devo por força entregar a bolsa, mas, quando puder subtraí-la, serei, por consciência, obrigado a devolvê-la? Pois, afinal, a pistola que ele empunha também é um poder. Convenhamos então que força não constitui direito e que não somos obrigados a obedecer senão aos poderes legítimos. Assim, minha questão primitiva volta à baila.

…

5. Cumpre sempre remontar a uma primeira convenção

Ainda que eu concordasse com tudo que refutei até aqui, nem por isso os promotores do despotismo estariam em melhor situação. Haverá sempre uma grande diferença entre subjugar uma multidão e governar uma sociedade. Homens dispersos, independentemente de seu número, sucessivamente submetidos a um único: não vejo nisso senão um senhor e escravos, não vejo em absoluto um povo e seu chefe – é, se preferirem, uma agregação, não uma associação; não existe nem bem público nem corpo político. Esse homem, ainda que escravize metade do mundo, continua a ser um particular; seu interesse, separado do interesse dos outros, é sempre um interesse privado. Se esse mesmo homem vier a perecer, seu império depois dele permanece esparso e sem coesão, como um carvalho que, depois de consumido pelo fogo, se desfaz num monte de cinzas.

Um povo, diz Grotius, pode entregar-se a um rei. Segundo Grotius, um povo é então um povo antes de se entregar a um rei. Essa entrega mesma é um ato civil, supondo uma deliberação pública. Antes então de examinar o ato pelo qual um povo elege um rei, seria bom examinar o ato pelo qual um povo é um povo. Pois tal ato, sendo necessariamente anterior ao outro, é o verdadeiro fundamento da sociedade.

Com efeito, se não houvesse convenção anterior, onde estaria, a menos que a eleição fosse unânime, a obrigação da minoria de se submeter à escolha da maioria, e de onde cem que almejam um senhor têm o direito de votar por dez que não o querem? A lei da pluralidade dos sufrágios é, em si, fruto de uma convenção, supondo, pelo menos por uma vez, a unanimidade.

6. Do pacto social

Suponho que os homens tenham chegado ao ponto em que os obstáculos que prejudicam sua permanência no estado de natureza prevalecem, por sua resistência, sobre as forças que cada indivíduo pode empregar para se manter nesse estado. Logo, esse estado primitivo não pode mais subsistir, e o gênero humano pereceria se não mudasse sua maneira de ser.

Ora, como não podem engendrar novas forças, mas apenas unir e governar aquelas existentes, os homens não dispõem mais de outro meio para se conservar senão formar por agregação uma soma de forças capaz de prevalecer sobre a resistência, impulsioná-las segundo uma única motivação e fazê-las agir em harmonia. Essa soma de forças só pode nascer da contribuição de muitos. Porém, sendo a força e a liberdade de cada homem os primeiros instrumentos de sua conservação, como ele os mobilizaria sem se prejudicar e sem negligenciar os cuidados que se deve? Essa dificuldade ligada ao meu tema pode ser enunciada nos seguintes termos: "Encontrar uma forma de associação que defenda e proteja de toda força comum a pessoa e os bens de cada associado, e pela qual cada um, unindo-se a todos, não obedeça entretanto senão a si mesmo e permaneça tão livre quanto antes." Tal é o problema fundamental, cuja solução é fornecida pelo contrato social.

As cláusulas desse contrato são de tal forma determinadas pela natureza do ato que a menor modificação as tornaria vãs e sem efeito; de maneira que, embora jamais tenham sido formalmente enunciadas, elas são em toda parte as mesmas, em toda parte tacitamente aceitas e reconhecidas.

QUESTÕES E TEMAS PARA DISCUSSÃO

1. Qual o papel e a importância das leis para Rousseau?
2. Como Rousseau vê a relação entre indivíduo e sociedade?
3. Como se caracteriza o "pacto social", segundo Rousseau?
4. A vida social e em particular as leis são compatíveis com a liberdade?
5. Como se pode entender a relação entre os pensamentos político e jurídico em Rousseau?

LEITURAS SUGERIDAS

Rousseau, Jean-Jacques. *Do contrato social*. São Paulo, Penguin-Companhia das Letras, 2011.

Althusser, Louis. *Sobre o contrato social*. Lisboa, Iniciativas Editoriais, 1976.

Barreto, Vicente de Paula (org.). *Dicionário de filosofia do direito*. São Leopoldo/Rio de Janeiro, Unisinos/Renovar, 2006.

Dent, N.J.H. *Dicionário Rousseau*. Rio de Janeiro, Zahar, 1996.

Krische, Paulo J. (org.). *O contrato social, ontem e hoje*. São Paulo, Cortez, 1993.

Vieira, Luiz Vicente. *A democracia em Rousseau: a recusa dos pressupostos liberais*. Porto Alegre, EdiPUCRS, 1997.

KANT

Immanuel Kant (1724-1804) foi um dos mais importantes filósofos da modernidade, e seu pensamento tem influência significativa ainda na filosofia contemporânea. Sua obra situa-se no contexto do Iluminismo, sendo autor do bastante citado *Resposta à pergunta: o que é o Iluminismo?* (1784), em que caracteriza esse movimento como o da busca da emancipação do ser humano pela razão, passando assim da sua minoridade, ou dependência, para sua maioridade, ou autonomia. Para Kant, o conhecimento, a ética e também o direito em uma perspectiva racionalista são partes fundamentais desse processo.

Em vários escritos, mas notadamente na *Lógica* (*Jäsche*), Kant explicita as quatro grandes questões de sua obra: 1) o que podemos conhecer?; 2) o que devemos fazer?; 3) o que podemos esperar?; e 4) o que é o homem?. A resposta a esta última seria a mais importante e englobaria as demais, porém de certa forma ela depende das anteriores. A primeira questão Kant responde por meio de sua teoria do conhecimento, que busca estabelecer as condições de possibilidade do conhecimento legítimo e é encontrada principalmente na *Crítica da razão pura* (1781), a primeira da assim chamada filosofia crítica, ou seja, sua proposta de exame dos pressupostos do conhecimento e de legitimação de nossa tentativa de conhecer a realidade. Isso consiste no exame do modo de operar da razão por si mesma, em um processo reflexivo, ou *a priori*, isto é, que precede a experiência, mas que se refere à sua possibilidade.

Embora um racionalista, Kant, contudo, vê o conhecimento como uma obra não apenas da razão, mas de sua articulação com a sensibilidade, que nos permite o acesso ao mundo natural. Esse acesso, porém, é tornado possível pela estrutura de nosso entendimento – da combinação entre razão e sensibilidade –, motivo pelo qual nunca podemos conhecer o real tal como ele é, mas apenas tal como é apreendido por nós, ou seja, enquanto objeto (*Gegenstand*, literalmente "o que se encontra diante de nós"). A *Crítica da razão pura* foi de grande influência na discussão dos fundamentos da ciência natural moderna e contemporânea.

A segunda questão é tratada por sua discussão da "razão prática", ou seja, a razão no âmbito de nossa ação, de nossa tomada de decisão e de nossa capacidade de deliberarmos em relação ao certo e ao errado, ao justo e ao injusto. Sua obra sobre ética e sua filosofia do direito situam-se nesse campo, onde sua posição é também fortemente racionalista. Em sua *Crítica da razão prática* (1788), Kant defende uma ética de princípios e do dever. Segundo ele, derivamos da razão os princípios fundamentais da ética, e são esses que se impõem a nós pela própria razão. São princípios de caráter universal e que têm uma natureza formal. Seu "imperativo categórico", o fundamento de nosso agir ético, estabelece: "Age de tal forma que tua ação possa ser considerada como lei universal." (*Introdução à metafísica dos costumes*) "Universal", nesse sentido, significa "válido para todos". Trata-se assim de um princípio de reciprocidade: devemos agir com os outros como aceitaríamos que agissem conosco.

A filosofia do direito de Kant é parte de sua filosofia prática e adota uma postura naturalista considerando que o direito natural é o "direito não baseado em códigos, mas que pode ser conhecido *a priori* pela razão".

METAFÍSICA DOS COSTUMES
Introdução à teoria do direito

> Essa obra consiste na primeira parte da *Metafísica dos costumes* (1797), considerada uma obra tardia, que não teve muita influência em sua época e foi recuperada recentemente junto com os escritos políticos de Kant. Trata-se, contudo, de um texto importante, na medida em que é parte de uma preocupação filosófica de caráter mais aplicado e também pelas colocações de Kant em relação à discussão sobre direito natural e direito positivo àquela época.

A. O que é teoria do direito?
O conjunto das leis para as quais é possível haver uma legislação externa é denominado teoria do direito (*jus*). Se tal legislação for real, ela é teoria do direito positivo, e o especialista ou jurisconsulto (*jurisconsultus*) é chamado jurisperito (*jurisperitus*) quando conhece as leis externas também externamente, ou seja, em sua aplicação sobre casos que ocorrem na prática, apli-

cação que também pode se tornar jurisprudência (*jurisprudentia*), sendo que, sem a união das duas, resta apenas a simples ciência jurídica (*jurisscientia*). A última designação refere-se ao conhecimento sistemático da teoria do direito natural (*jus naturae*), embora o especialista nessa última deva indicar os princípios imutáveis para qualquer legislação do direito positivo.

B. O que é direito?

É certo que essa questão pode constranger o especialista caso ele não deseje se perder em tautologias ou buscar aquilo que as leis querem em qualquer país, a qualquer tempo, ao invés de uma solução geral, assim como a indagação mencionada, "o que é a verdade?", constrange o lógico. Pois ele ainda pode demonstrar o que é justo (*quid sit juris*), ou o que as leis dizem ou disseram em um determinado lugar, em um determinado período. No entanto, ele nunca poderá saber se aquilo que elas querem também é justo e qual o critério geral para se reconhecer o justo e o injusto (*justum et injustum*) se não abandonar, por um período, os princípios empíricos segundo os quais ele busca as fontes dos juízos na razão pura (mesmo que as leis possam lhe servir perfeitamente como orientação) a fim de elaborar a base para uma possível legislação do direito positivo. Uma teoria do direito puramente empírica é, assim como a cabeça de madeira da fábula de Fedro, uma cabeça que pode ser bela, mas... pena que não tem cérebro!

O conceito do direito, quando diz respeito a uma obrigação que corresponde a ele (ou seja, o próprio conceito moral), refere-se, em primeiro lugar, apenas à relação exterior e prática de uma pessoa contra outra, na medida em que seus atos possam se influenciar (de maneira direta ou indireta) mutuamente como fatos. Mas, em segundo lugar, ele não significa a relação do arbítrio de uma pessoa com o simples desejo (consequentemente também com a simples necessidade) do outro, como por exemplo nos atos de caridade ou de crueldade, mas apenas na relação com o arbítrio do outro. Em terceiro lugar, nessas relações mútuas do arbítrio também não se considera a matéria do arbítrio, ou seja, da intenção que alguém tem em relação a um objeto que deseja. Por exemplo, não se questiona se uma pessoa poderia encontrar ou não uma vantagem no produto que compra de mim, mas sim o tipo de relação entre os arbítrios de ambos os lados, já que esse arbítrio é visto simplesmente como algo livre. Questiona-se também se, com isso, a ação de um dos dois pode ser reunida com a liberdade do outro segundo uma lei universal.

O direito, portanto, é a essência das condições sob as quais o arbítrio de um pode ser reunido ao arbítrio do outro segundo uma lei universal da liberdade.

C. Princípio universal do direito

"É justa a ação de uma pessoa que possa coexistir com a liberdade de qualquer um segundo uma lei universal ou que siga a máxima de que o livre-arbítrio de uma pessoa pode coexistir com a liberdade de qualquer um segundo uma lei universal etc."

Assim, se minha ação, ou mesmo minha condição, puder coexistir com a liberdade de qualquer um segundo uma lei universal, aquele que me impede de agir está sendo injusto comigo, pois esse impedimento (esse conflito) não pode coexistir com a liberdade segundo as leis universais.

Consequentemente, não se pode exigir que esse princípio de todas as máximas seja, por sua vez, também minha máxima, isto é, que eu o transforme em máxima de minhas ações, pois qualquer pessoa pode ser livre, mesmo que sua liberdade me seja completamente indiferente ou que eu deseje violá-la de coração, enquanto eu não prejudicar sua liberdade por meio de minhas ações externas. A ética exige de mim que faça do agir com justiça a minha máxima.

Assim, a lei universal do direito é: age externamente de forma que o uso livre de teu arbítrio possa coexistir com a liberdade de qualquer um segundo uma lei universal, na verdade uma lei que me impõe uma obrigação mas não espera de forma alguma, e tampouco demanda, que eu limite minha própria liberdade apenas por respeito a essa obrigação. Somente a razão diz que essa liberdade fica limitada em sua ideia e que pode ser limitada por outros, inclusive de modo violento. E ela o diz como um postulado que não carece de qualquer prova. Se a intenção não for ensinar a virtude, mas apenas demonstrar o que é justo, então não se pode nem se deve aplicar a lei do direito como impulsionadora da ação.

D. O direito está associado à capacidade de coerção

A resistência contra aquilo que obstrui um efeito promove esse efeito e está de acordo com ele. Bem, tudo o que é injusto obstrui a liberdade segundo as leis universais, sendo que, para a liberdade, a coerção pode ser obstrução ou resistência. Consequentemente, se um certo uso da liberdade obstruir a própria liberdade, segundo leis universais (ou seja, se for injusto), então a coerção que se opuser a ele como obstrução a um impedimento da liberdade estará de acordo com a liberdade segundo as leis universais, ou seja, ela é justa. Sendo assim, pelo princípio da oposição, ao direito está associada também a capacidade de coerção sobre aquele que o prejudica.

E. O direito estrito também pode ser apresentado como a possibilidade de uma coerção mútua, concordante e integrada com a liberdade de qualquer pessoa segundo as leis universais

Essa sentença quer dizer: o direito não pode ser compreendido como algo composto por duas partes, a saber, a obrigação segundo uma lei e a capacidade de coerção daquele que, por seu arbítrio, obriga o outro a cumpri-la; mas o conceito do direito pode estar diretamente inserido na possibilidade de associação da coerção universal e recíproca com a liberdade de qualquer pessoa. Assim como o direito tem como único objeto aquilo que é externo às ações, o direito estrito é justamente aquilo que não se misturou com nenhuma ética, aquilo que é demandado por nenhum outro motivo decisivo da vontade que não o externo, pois só assim ele é puro e não está misturado a disposição alguma sobre virtude. Desta forma, apenas o direito totalmente externo pode ser chamado de direito estrito (restrito). Este fundamenta-se na consciência da obrigação de uma pessoa segundo as leis, mas, para ser puro, esse direito não tem permissão nem é capaz de se referir a essa consciência como impulsionadora da vontade, devendo tomar como base o princípio da possibilidade de uma coerção externa que pode coexistir com a liberdade de qualquer pessoa segundo as leis universais. Portanto, quando se diz que um credor tem o direito, perante o seu devedor, de demandar o pagamento de sua dívida, isso não significa que ele pode ter a expectativa de que o devedor o faça seguindo sua própria razão, mas sim que a coerção que obriga qualquer pessoa a saldar sua dívida certamente pode coexistir com a liberdade de qualquer um, inclusive com a do próprio devedor, segundo uma lei universal exterior. Direito e capacidade de coerção, portanto, têm o mesmo significado.

A lei de uma coerção recíproca necessariamente em harmonia com a liberdade de qualquer pessoa e regida pelo princípio da liberdade universal é, de certa forma, a construção desse conceito, ou seja, a representação dessa lei sob uma pura perspectiva *a priori*, de forma análoga à possibilidade de movimentos livres dos corpos sob a lei da igualdade de ação e reação. Assim como na matemática pura nós não deduzimos as características de seu objeto diretamente a partir do conceito, mas as descobrimos apenas por meio da construção desse conceito, tampouco é o conceito do direito que torna possível a representação desse conceito, mas sim a coerção exercida sob a lei universal, em harmonia com ela e constantemente recíproca e imutável. Mas enquanto a base de um conceito apenas formal, como na matemática pura (por exemplo, na geometria), ainda é esse conceito dinâmico, a razão, por sua vez, fez com que o entendimento também provesse a construção do conceito de direito o mais possível com perspectivas *a priori*. A reta *(rectum)* é contraposta, como uma linha reta, em parte à curva e em parte à linha oblíqua. No primeiro caso, oposição a uma linha curva, a sua característica interna é o fato de ser uma única linha existente entre dois pontos dados; no segundo caso, no entanto, entre duas linhas que se cruzam ou que colidem, a linha reta está na posição da única entre as duas (a vertical) que não tende mais para um lado que para o outro, dividindo o espaço em dois lados iguais. De forma análoga, a teoria do direito também quer determinar a possessão de cada um (com exatidão matemática), o que não se pode esperar na teoria da virtude, à qual não se pode negar algum espaço para exceções (*latitudinem*). No entanto, sem entrarmos na área da ética, há dois casos que demandam decisões jurídicas, mas para os quais não se pode encontrar ninguém que os decida, e os quais estão incluídos nos *intermundia* de Epicuro. Esses nós precisamos, antes de mais nada, excluir da teoria do direito à qual pretendemos nos dedicar em breve, para que seus princípios instáveis não influenciem os sólidos fundamentos da teoria do direito.

QUESTÕES E TEMAS PARA DISCUSSÃO

1. Em que sentido a filosofia do direito de Kant pode ser considerada parte de sua filosofia prática e do projeto emancipatório iluminista?
2. Como Kant define o objeto da filosofia do direito no texto (seção A)?
3. Como Kant vê, neste texto, a relação entre direito natural e direito positivo (seção B)?
4. Comente o "princípio universal do direito" tal como formulado na seção C do texto.
5. Qual a relação do direito com a liberdade (seção D)?

LEITURAS SUGERIDAS

Kant, Immanuel. *Crítica da razão prática*. São Paulo, Martins Fontes, 2003.

____. *A metafísica dos costumes*. Lisboa, Calouste Gulbenkian, 2005.

____. *Doutrina do direito*. São Paulo, Ícone, 1993.

____. *Lógica (Jäsche)*. Rio de Janeiro, Tempo Brasileiro, 1992.

Caygill, Howard. *Dicionário Kant*. Rio de Janeiro, Zahar, 2000.

Terra, Ricardo R. *Kant e o direito*. Rio de Janeiro, Zahar, 2002.

HEGEL

Georg Wilhelm Friedrich Hegel (1770-1781) foi um dos mais importantes e influentes filósofos alemães do século XIX. Nascido em Stuttgart, estudou teologia em Tübingen, mas desistiu de tornar-se pastor protestante, embora tenha chegado a escrever uma *Vida de Jesus* (1795-96). Foi professor nas universidades de Iena, Heidelberg e Berlim, da qual se tornou reitor. Inicialmente influenciado pelo romantismo alemão do início do século XIX, e podendo ser considerado parte do movimento conhecido na história da filosofia como idealismo alemão pós-kantiano, Hegel foi um filósofo de grande originalidade, e sua concepção filosófica desenvolveu-se de modo fortemente sistemático.

Pode-se afirmar que um de seus principais pontos de partida consiste na crítica ao pensamento de Kant, do qual, no entanto, era grande admirador. Hegel considera que o modelo de crítica do conhecimento proposto por Kant, enquanto exame de pressupostos e condições de possibilidade e visando à legitimação de certos tipos de pretensão a conhecimento, tem uma lacuna na medida em que não leva em consideração o processo de formação da consciência em sua interação com o real, seja o mundo natural, seja a sociedade. O sujeito kantiano, enquanto sujeito transcendental, é abstrato, formal e a-histórico. Um dos principais elementos da crítica de Hegel consiste exatamente em mostrar que Kant, e a modernidade em geral, não considera a história na constituição da subjetividade. É nesse sentido que Hegel é o primeiro filósofo da história, dada a fundamental importância da história para o sistema hegeliano. Na *Fenomenologia do espírito* (1806-07), cujo subtítulo é precisamente "A ciência da experiência da consciência", Hegel analisa as etapas desse processo.

Em seus cursos, sobretudo em Berlim, ensinava história e filosofia com regularidade, e suas aulas foram publicadas postumamente como *Lições de história da filosofia* e *Lições de filosofia da história* (1837).

O pensamento de Hegel é dialético, entendendo a relação com o real que constitui a consciência como um processo que se inicia por um momento negativo, superado em uma etapa seguinte que incorpora a anterior (o *Aufhebung*) e a reelabora. É a dinâmica desse processo, que sempre envolve um elemento de conflito, que leva finalmente à superação da dicotomia entre a consciência e o real em direção ao Absoluto. O processo histórico não é portanto linear, mas envolve um movimento dialético até a sua etapa final.

A filosofia hegeliana exerceu grande influência no pensamento da segunda metade do século XIX. Dentre os filósofos inspirados por ela, podemos destacar Karl Marx e Ludwig Feuerbach na Alemanha, mas essa influência estendeu-se à Inglaterra, à França e à Itália. A corrente historicista na filosofia foi fortemente marcada por Hegel, que afirmava: "Nosso modo de compreensão do real é histórico."

A filosofia do direito de Hegel tem uma relação direta com sua concepção de história e com sua crítica da modernidade. Procura mostrar que a universalidade atribuída ao direito natural e o modelo de sociedade resultante de um contrato social entre os indivíduos não são traços da natureza humana, mas dependem do desenvolvimento histórico de determinadas sociedades. O contrato social pode ser considerado característico da modernidade.

PRINCÍPIOS DA FILOSOFIA DO DIREITO
Introdução

Publicada em 1821, essa obra resulta de uma série de cursos que Hegel ministrou. No Prefácio, ele afirma retomar e desenvolver aí algumas ideias que expôs anteriormente na *Enciclopédia das ciências filosóficas*, de 1817.

Hegel procura unificar o direito e a moral. Inicia a obra por uma discussão a respeito do livre-arbítrio, mostrando porém que não somos inteiramente livres, mas exercemos nossa liberdade sempre em um contexto de normas sociais e instituições, da família e da realidade econômica em que vivemos. Suas reflexões sobre o Estado moderno em suas diferentes formas faz dessa obra igualmente um importante texto de teoria política.

É no Prefácio que Hegel, a propósito do papel da filosofia, faz a famosa afirmação de que "a coruja de Minerva só alça voo ao entardecer", significando que de certa forma a filosofia entra em cena tarde demais para ter uma intervenção efetiva na realidade.

§2. A ciência do direito é parte da filosofia. Portanto, tem como objeto desenvolver a ideia, que é a razão de um objeto a partir do conceito, ou, o que é a mesma coisa, observar o próprio desenvolvimento imanente da coisa. Como parte da filosofia, ela tem um início definido, o qual é o resultado e a verdade daquilo que a precede e da assim chamada prova disto. O conceito do direito, portanto, ocorre, segundo o seu desenvolver, fora da ciência do direito; sua dedução é aqui pressuposta, e ele deve ser aceito como algo dado.

De acordo com o método formal, não filosófico, das ciências, primeiramente busca-se e demanda-se a definição, no mínimo no que diz respeito à sua forma científica aparente. A ciência positiva do direito, por sua vez, não busca tanto essa definição, já que serve principalmente para indicar o que é legal, ou seja, quais são as determinações legais específicas, motivo pelo qual se alertava: "*omnis definitivo in iure civili periculosa.*"[1] E realmente, quanto mais inconsistentes e contraditórias forem as determinações do direito, menos possível é defini-las. Pois elas devem, na verdade, incluir determinações gerais, as quais no entanto tornam as contradições imediatamente visíveis – neste caso, a injustiça, em toda a sua nudez. Assim, por exemplo, nenhuma definição do homem seria possível na jurisdição romana, pois o escravo não poderia ser incluído nesse conceito; sua própria existência seria uma violação desse conceito. Da mesma forma, a definição de propriedade e proprietário também parece perigosa para muitas relações. Mas ela é deduzida, por exemplo, a partir da etimologia, principalmente porque assim é abstraída dos casos especiais e tem como base o sentimento e a imaginação do ser humano. Uma definição está correta se estiver de acordo com as ideias existentes. Com esse método, aquilo que é essencial apenas do ponto de vista científico é posto de lado; em consideração ao conteúdo, a necessidade do objeto em e por si mesmo (nesse caso, do direito) é posta de lado; e em consideração à forma é posta de lado a natureza do conceito. No conhecimento filosófico, a necessidade de um conceito é a questão principal e o processo pelo qual ele passa a existir como resultado [é] sua prova e dedução. Na medida em que seu conteúdo é considerado necessário por si mesmo, então o segundo passo é buscar aquilo que corresponde a ele nas ideias e no discurso. No entanto, os modos como esse conceito existe em sua verdade e nas ideias podem e devem ser diferentes tanto em sua forma como em sua estrutura. Se, porém, a ideia também não for incorreta segundo seu conteúdo, o conceito pode ser apresentado como algo contido nela e, segundo sua essência, presente dentro dela, ou seja, a ideia pode ser promovida à forma do conceito. Mas a no-

---

1. "No direito civil a definição é sempre arriscada." Em latim no original.

ção tampouco é parâmetro e critério para o conceito necessário e verdadeiro, devendo, sim, obter sua verdade a partir dele, corrigir-se e ser reconhecida conforme ele. Se, porém, aquela forma de reconhecimento com suas formalidades de definições, conclusões, provas etc. desapareceu, a alternativa que a substituiu é ainda pior: considerar e confirmar as ideias, inclusive as do direito e de suas outras determinações, diretamente como dados da consciência e tomar o sentimento natural ou um sentimento exagerado, o próprio coração e o entusiasmo, como origem do direito. Mesmo que esse método seja o mais conveniente de todos, ele é ao mesmo tempo o menos filosófico – sem mencionar aqui outras facetas dessa visão que não estão relacionadas com o puro reconhecimento, mas diretamente com a ação. Se o primeiro método formal ainda demanda a forma do conceito na definição e, nas provas, a forma de uma necessidade do reconhecimento, então o modo da consciência direta e do sentimento tem a subjetividade, o acaso e a arbitrariedade do conhecimento como princípios. Aquilo em que o procedimento científico da filosofia consiste deve ser pressuposto aqui a partir da lógica filosófica.

§3. O direito é positivo de maneira geral: 1) devido à forma pela qual tem validade em um Estado; e essa autoridade legal é o princípio para o conhecimento desse direito, a ciência positiva do direito; 2) segundo seu conteúdo, esse direito tem um elemento positivo a) devido ao caráter nacional particular de um povo, ao estágio de seu desenvolvimento histórico e à interconexão de todas as relações naturalmente necessárias; b) devido à necessidade de que um sistema de direito legal inclua o uso do conceito geral para objetos e casos com qualidades específicas determinadas por questões externas – um uso que não é mais um pensamento especulativo e desenvolvimento do conceito, mas sim subsunção da compreensão; c) devido às últimas determinações necessárias para a decisão na realidade.

Se o sentimento, a inclinação e a arbitrariedade se contrapõem ao direito positivo e às leis, então pelo menos não é a filosofia que reconhece essas autoridades. É um acaso o fato de a violência e a tirania poderem ser um elemento do direito positivo, e isso não faz parte de sua natureza. Mais à frente, nos §211-214, será indicado o ponto no qual o direito precisa se tornar positivo. Aqui são apenas mencionadas as determinações que surgem nesses parágrafos, a fim de indicar os limites do direito filosófico, bem como para eliminar a possível ideia ou mesmo a demanda de que, a partir do desenvolvimento sistemático do direito, possa surgir um código positivo, ou seja, um código que atenda à demanda do Estado real. Considerar as diferenças entre o direito natural ou o filosófico e o direito positivo opostas e contraditórias seria um grande equívoco. A relação entre esses direitos é, na verdade, comparável à relação entre instituições e pandectas.[2] Levando em conta o primeiro elemento histórico do direito positivo mencionado no artigo, Montesquieu apresentou a verdadeira visão histórica, o autêntico ponto de vista filosófico, ao considerar a legislação de maneira geral e suas determinações específicas de forma não isolada e abstrata, mas sim como momento dependente de uma totalidade e associado a todas as outras determinações que definem o caráter de uma nação e de uma época. Nessa inter-relação ela adquire seu verdadeiro significado e sua justificativa. Observar os destaques e o desenvolvimento das determinações legais surgidos em um período a partir de uma perspectiva puramente histórica e reconhecer sua consequência plausível, surgida a partir da comparação das determinações com relações jurídicas já existentes, tem seu mérito e seu valor em sua própria esfera, mas não tem relação com a visão filosófica, a não ser nos casos em que o desenvolvimento por motivos históricos coincida com o desenvolvimento a partir do conceito, e a explicação e a justificativa históricas ampliam-se, transformando-se em uma justificativa válida em si e por si mesma. Essa diferença, a qual é muito importante e certamente deve ser registrada, é ao mesmo tempo bastante evidente. Uma determinação legal pode parecer, a partir das circunstâncias e das instituições legais existentes, totalmente justificada e consequente e mesmo assim ser injusta e ilógica em si e por si mesma, como uma grande quantidade das determinações do direito privado romano que se originaram, de forma bastante consequente, a partir de instituições como o pátrio poder e o matrimônio romanos. No entanto, uma coisa é indicar se as determinações legais eram justas e razoáveis por meio do conceito, e só assim se pode fazê-lo verdadeiramente, e outra coisa é apresentar o lado histórico de seu surgimento, as circunstâncias, casos, necessidades e os eventos que levaram à sua definição. Essa indicação e reconhecimento (pragmático) a partir de causas históricas mais recentes ou remotas é frequentemente denominada explicação, ou preferencialmente compreensão, como se essa indicação dos elementos históricos fosse tudo, ou melhor, fosse o essencial para a compreensão da lei ou da instituição legal, quando aquilo que é realmente essencial, a conceituação da coisa, nem mesmo foi mencionado. Assim, costuma-se também falar sobre os conceitos do direito romano e germânico, sobre como estão definidos em um ou outro código, quando na verdade ali não é apresentado nenhum conceito, mas apenas determinações legais gerais, proposições derivadas da compreensão, fundamentos, leis etc. Ao se negligenciar essa dife-

---

2. Pandectas são compilações de leis tais como encontradas no código organizado pelo imperador bizantino Justiniano (século VI).

rença, é possível se deslocar o ponto de vista e transformar a questão quanto à verdadeira justificativa em uma justificativa baseada nas circunstâncias, em consequências derivadas de pressupostos que, por exemplo, também não valem muito etc. – e assim o relativo é colocado então no lugar do absoluto, a aparência exterior no lugar da natureza da coisa. A justificativa histórica se dá quando ela confunde a origem externa com a origem a partir do conceito, de forma que faz inconscientemente o contrário daquilo que intenciona. Se a origem de uma instituição se revela, sob determinadas circunstâncias, totalmente apropriada e necessária para se ter aquilo que o ponto de vista histórico demanda, então, se isso for levado em conta para uma justificativa geral da coisa, sucede-se o oposto, ou seja, como essas circunstâncias não existem mais, essa instituição perde seu sentido e sua razão. Assim, se, por exemplo, defendemos os mosteiros considerando a sua contribuição para o cultivo e o povoamento de regiões desertas, para manter vivo o conhecimento através de estudos e de cópias de manuscritos entre outras coisas, e vemos essa contribuição como motivo para a continuidade dos mosteiros, então deve-se concluir, a partir disso, que sob circunstâncias totalmente diferentes eles no mínimo se tornam desnecessários e inapropriados. Na medida em que o significado histórico, a demonstração histórica e a compreensão da origem e a visão filosófica tanto da origem quanto do conceito da coisa incluem-se em esferas diversas, eles podem manter uma postura neutra uns em relação aos outros. Mas essa postura pacífica nem sempre ocorre aqui, nem no âmbito científico, o que ilustro ao citar o manual do sr. Gustav Hugo, *Lehrbuch der Geschichte des römischen Rechts* [Manual de história do direito romano], no qual se pode encontrar mais um exemplo desse tipo de oposição. Em sua obra (5ª ed., §53), o sr. Hugo diz que "Cícero elogia as Doze Tábuas, olhando os filósofos de soslaio", "mas o filósofo Favorino as trata da mesma forma que alguns grandes filósofos então tratavam o direito positivo". O sr. Hugo contesta definitivamente esse tratamento justificando como segue: "porque Favorino compreendeu as Doze Tábuas tão pouco quanto os filósofos compreenderam o direito positivo". Quanto à repreensão do filósofo Favorino pelo jurista Sexto Cecílio na obra de Gellius, *Noctes Atticae* (XX, 1), ela expressa de início o princípio permanente e verdadeiro da justificativa daquilo que é simplesmente positivo em seu teor. *"Non ignoras"*, diz Cecílio muito acertadamente a Favorino,

> *legum opportunitates et medelas pro temporum moribus et pro rerum publicarum generibus, ac pro utilitatum praesentium rationibus, proque vitiorum, quibus medendum est, fervoribus, mutari ac flecti, neque uno statu consistere, quin, ut facies coeli et maris, ita rerum atque fortunae tempestatibus varientur. Quid salubrius visum est rogatione illa*

*Stolonis..., quid utilius plebiscito Voconio..., quid tam necessarium existimatum est...,
quam lex Licinia...? Omnia tamen haec obliterata et operta sunt civitatis opulentia...[3]*

Essas leis são positivas na medida em que têm um significado e são apropriadas dentro das circunstâncias, tendo, assim, apenas um valor histórico de maneira geral. Por isso elas também têm natureza transitória. A sabedoria dos legisladores e dos governantes no que fizeram dentro das circunstâncias existentes e definiram em seu tempo corrente é uma questão em si e está entre os objetos da história. Quanto mais esse estudo histórico for baseado em pontos de vista filosóficos, mais profundamente essa sabedoria será reconhecida.

Mas quero apresentar outros exemplos do julgamento das Doze Tábuas contra Favorino, pois Cecílio traz aqui o ardil imortal do método da compreensão e sua argumentação, ou seja, ele apresenta um motivo bom para uma coisa ruim e supõe assim justificá-la. Tomemos a hedionda lei que dava ao credor, após o vencimento do prazo de pagamento, o direito de matar seu devedor ou de vendê-lo como escravo e que autorizava, se houvesse vários credores, que eles cortassem pedaços do devedor, dividindo-o entre si, de forma que se um deles cortasse um pedaço grande ou pequeno demais, nenhuma ação jurídica poderia ser tomada contra ele (uma cláusula que beneficiou Shylock, de Shakespeare, no *Mercador de Veneza* e que foi aceita por ele com gratidão). Para essa lei, Cecílio apresenta a justificativa de que, com ela, a boa-fé era ainda mais assegurada e que, justamente devido à hediondez da lei, ela nunca precisou ser aplicada. Sua irreflexão não carece aqui apenas da percepção de que justamente essa determinação aniquila a intenção de assegurar a boa-fé; com ela, ele mesmo fornece um exemplo do efeito inapropriado da lei sobre falsos testemunhos. No entanto, não se pode ignorar a declaração do sr. Hugo de que Favorino não compreendera a lei. Qualquer aluno escolar certamente é capaz de compreendê-la, e o mencionado Shylock entendeu melhor que qualquer outro a cláusula apresentada, tão vantajosa para ele. Com "compreender" o sr. Hugo deve referir-se apenas àquela forma da compreensão que usa uma boa razão como base para uma lei. Aliás, um filósofo pode admitir não ter compreendido, sem enrubescer de vergonha, que o *iumentum*, e "não uma *arcera*", que por lei deveria ser providenciado para levar um doente até o tribunal poderia significar não apenas um cavalo,

---

3. "Não ignoras que as vantagens e remédios oferecidos pelas leis variam e flutuam conforme os costumes da época, os tipos de constituição e as considerações das vantagens imediatas e da violência e dos males a serem remediados. As leis não subsistem sem mudanças em suas características, ao contrário, as tormentas das circunstâncias e do acaso as alteram como as tempestades mudam o aspecto dos céus. Há algo mais salutar do que a proposta de Stolo..., mais vantajoso do que o decreto levado a cabo por Viconius..., enquanto tribuno? O que pode ser considerado mais necessário do que a lei Licínia...? Contudo, agora que o estado se tornou mais rico, todas essas leis foram eliminadas e enterradas." Em latim no original.

mas também uma carruagem ou carroça. A partir dessa determinação legal, Cecílio pôde ainda apresentar mais uma prova da excelência e exatidão das antigas leis, as quais, para a apresentação de uma testemunha doente perante o tribunal, chegam a determinar não apenas a diferença entre um cavalo e um carro, mas entre um carro coberto e estofado, conforme explica Cecílio, e outro que não é tão confortável. Com isso, poderíamos escolher entre a dureza de uma lei ou a insignificância de tais determinações. Porém apontar a insignificância dessas questões e, mais que isso, dos esclarecimentos eruditos das mesmas seria uma das maiores infrações contra essa e outras erudições.

Mas o sr. Hugo também menciona no manual citado a racionalidade ao se referir ao direito romano, sendo que o seguinte chamou minha atenção: ao tratar do período da origem do Estado até as Doze Tábuas, §38 e 39, ele afirmou que "as pessoas (em Roma) tinham várias necessidades e se viam obrigadas a trabalhar, para o que precisavam de animais de tração e de carga como auxiliares, assim como nós também, e que o relevo alternava entre colinas e vales e a cidade ficava sobre uma colina etc." – referências que talvez correspondessem ao sentido do pensamento de Montesquieu, mas nas quais dificilmente encontraríamos seu espírito. Assim, ele menciona no §40 que "a condição do direito ainda estava muito longe de satisfazer as mais altas demandas da razão" (muito acertado: o direito de família romano, a escravidão etc. também não satisfazem as menores demandas da razão). No entanto, nos períodos seguintes, o sr. Hugo esquece de indicar em qual e se em algum deles o direito romano conseguiu satisfazer as mais altas demandas da razão. No entanto, no §289 fala sobre as obras jurídicas clássicas no período do maior desenvolvimento do direito romano como ciência, "que há muito pode-se perceber que os clássicos jurídicos se formavam pela filosofia", mas

> poucos sabem (devido às várias edições do manual do sr. Hugo, agora vários sabem) que não há nenhum tipo de escritor que, no que diz respeito a deduções derivadas de princípios, merecesse mais estar ao lado dos matemáticos e, no que diz respeito a uma singularidade marcante no desenvolvimento de conceitos, ao lado dos novos criadores da metafísica do que os juristas romanos: uma prova disso seria a curiosa condição de que em nenhum outro lugar ocorrem tantas tricotomias quanto nos clássicos jurídicos e em Kant.

Essa consequência elogiada por Leibniz certamente é uma característica importante da ciência do direito, assim como da matemática e de qualquer outra ciência compreensível, mas essa consequência da compreensão não tem nenhuma relação com a satisfação das demandas da razão e com a ciência filosófica. Além disso, deve-se atentar mais à inconsequência dos juristas romanos e dos pretores como uma de suas maiores virtudes, com a qual eles se desviavam das instituições injustas e hediondas, vendo-se, porém, obrigados a cogitar *callide*[4] diferenças verbais vazias (como, por exemplo, denominar aquilo que era herança de *bonorum possesio*) e até mesmo subterfúgios tolos (e a tolice é também uma inconsequência) a fim de salvar as letras das tábuas, como em *fictio, hypokrisis*, em que uma *filia* tornou-se um *filius* (Heinécio, *Antiquitatum Romanarum... liber* I, Tit. II, §24). Entretanto, é risível associar os clássicos jurídicos a Kant devido a algumas divisões tricotômicas – principalmente segundo os exemplos apresentados na obs. 5 – e denominar isso de desenvolvimento dos conceitos.

§4. O território do direito é, de maneira geral, o espiritual, e seu local mais definido e ponto de partida é o arbítrio, o qual é livre, de forma que a liberdade consiste em sua substância e em seu caráter. O sistema do direito é o reino da liberdade realizada e o mundo do espírito é criado a partir de si mesmo, como uma segunda natureza.

O livre-arbítrio pode remeter à antiga forma do processo do reconhecimento. A ideia do arbítrio era pressuposta e a partir daí se buscava criar e estabelecer uma definição desse arbítrio. Então era apresentada, ao estilo da antiga psicologia empírica, a partir das diversas percepções e visões da consciência, como arrependimento, culpa e semelhantes, que só podem ser explicados a partir do livre-arbítrio, a chamada *prova* de que o arbítrio era livre. No entanto, é mais confortável ater-se, sem mais rodeios, ao fato de que a liberdade como circunstância do consciente é algo dado e no qual se deve acreditar. A inferência de que o arbítrio é livre e do que sejam o arbítrio e a liberdade, como já foi observado (§2), só pode ocorrer dentro de um todo. Os traços fundamentais dessa premissa – de que o espírito é, antes de mais nada, inteligência, e de que as características pelas quais ela se perpetua em seu desenvolvimento, do sentimento até o pensamento, passando pela imaginação, são a forma como ela se transforma em arbítrio, o qual, como o espírito prático, é a verdade mais próxima da inteligência – eu apresentei em minha *Enciclopédia das ciências filosóficas* (Heidelberg 1817, §363-399) e espero algum dia poder continuar sua explicação. A meu ver, há uma grande necessidade de contribuir, por meio dessa explicação, com um conhecimento mais profundo da natureza do espírito, já que, como observado no §367, nenhuma outra ciência filosófica se encontra em estado tão negligenciado e deplorável quanto a teoria do espírito, costumeiramente denominada

---

4. "Como um artifício." Em latim no original.

psicologia. Os elementos do conceito do arbítrio apresentados neste e nos próximos parágrafos desta introdução, os quais são resultados das premissas acima, para fins de apresentação, podem ser invocados na autoconsciência de qualquer um. Toda pessoa pode encontrar dentro de si a capacidade de abstrair de tudo o que a caracteriza, de incutir qualquer conteúdo dentro de si e, assim, encontrar em sua autoconsciência um exemplo para as características subsequentes.

QUESTÕES E TEMAS PARA DISCUSSÃO

1. Qual o papel da história na formulação de Hegel da filosofia do direito?
2. Em que medida podemos considerar Hegel um jusnaturalista?
3. Como podemos interpretar a afirmação de Hegel de que a ciência do direito tem como tema a "ideia de direito"?
4. Como Hegel formula a distinção entre direito natural e direito positivo?
5. Em que sentido Hegel relaciona a sua posição a esse respeito à de Montesquieu?

LEITURAS SUGERIDAS

Châtelet, François. *Hegel*. Rio de Janeiro, Zahar, 1995.

Hegel, G.W.F. *Filosofia do direito: linhas fundamentais da filosofia do direito ou Direito natural e ciência do Estado em compêndio*. São Leopoldo, Unisinos, 2010.

Inwood, Michael. *Dicionário Hegel*. Rio de Janeiro, Zahar, 1997.

Marx, Karl. *Crítica da filosofia do direito de Hegel*. São Paulo, Boitempo, 2005.

Weber, Tadeu. *Estado, liberdade e política*. Petrópolis, Vozes, 1993.

AUSTIN

John Austin (1790-1858) nasceu em Suffolk, Inglaterra. Serviu o exército, teve uma breve carreira na advocacia e entrou para o corpo docente da então recém-criada London University (atual University College London). Embora tenha inicialmente despertado o interesse e influenciado futuros importantes juristas, a experiência também não foi duradoura. Em 1832, um ano antes de encerrar sua carreira como professor, publicou sua principal obra, *The Province of Jurisprudence Determined*, que não teve grande impacto na época. Após algumas outras empreitadas profissionais de curta duração, deixou a Inglaterra, vivendo a maior parte do tempo na França e na Alemanha até retornar a seu país de origem, em 1848. Sofreu grande influência de James Mill e sobretudo de Jeremy Bentham, vizinhos seus em Londres, frequentando as reuniões e discussões organizadas por Bentham.

Se durante a vida Austin não foi muito bem-sucedido, tudo mudou depois de sua morte. Após reimpressões de *The Province of Jurisprudence Determined* (1861) e de outros escritos importantes seus, como *Lectures on Jurisprudence* (1863), por empenho principalmente de sua viúva, Austin foi redescoberto e o cenário da teoria do direito não foi mais o mesmo na Inglaterra. Segundo Brian Bix, autor do verbete sobre John Austin na *Stanford Encyclopedia of Philosophy*, seu legado pode ser resumido em quatro pontos principais, que caracterizam as novidades que ele introduziu na teorização acerca do direito e que permaneceram vigorando por um bom tempo. Vejamos:

1. Em primeiro lugar, Austin inaugurou a utilização da abordagem analítica de forma sistemática na teoria do direito. Ele estava preocupado em realizar elucidações e distinções conceituais rigorosas, separando o conceito de direito de conceitos afins e esclarecendo conceitos mais específicos dentro do próprio direito. Antes dele, a teorização acerca do direito costumava partir de um ponto de vista histórico ou sociológico.

2. Em segundo lugar, diferentemente dos outros teóricos do direito de sua época, Austin foi um dos primeiros e certamente o que mais se destacou ao oferecer uma explicação do direito em termos de uma teoria "de cima para baixo", isto é, o direito seria imposto por meio da força de quem detinha o poder. A maior parte dos teóricos do direito de sua época explicavam o direito como consistindo nos valores, costumes ou "espírito" da comunidade. Austin apresentou uma teoria mais dura e realista.

3. Em terceiro lugar, ele foi o pioneiro na apresentação, de forma consciente e organizada, de uma teoria positivista do direito, que se contrapunha frontalmente ao direito natural. Ele ficou famoso por criar aquilo que seria conhecido como o dogma do positivismo jurídico (a tese da separação entre direito e moral): a ideia segundo a qual a questão que diz respeito ao que é o direito difere e não se confunde com a questão sobre o seu mérito ou demérito. Antes de discutir as virtudes e vícios do direito, é fundamental saber o que ele é; os méritos e deméritos deveriam ser discutidos posteriormente à análise conceitual. O direito pode ser injusto e ainda assim ser direito, e reformas podem e devem ser sugeridas com base na teoria utilitarista.

4. Finalmente, em quarto lugar, a "teoria do comando" de Austin foi extremamente influente durante muito tempo como forma de explicação do direito. Ela não era totalmente nova, já que autores como Thomas Hobbes, Jean Bodin e o próprio Bentham apresentaram versões preliminares e próximas da teoria do comando. Mas a exposição de Austin foi a mais metódica e influente; até porque os escritos mais rigorosos de Bentham sobre o direito só foram encontrados muito mais tarde, em 1939, e uma edição significativa dos seus escritos (*Of Laws in General*) só foi publicada em 1970. A teoria do direito inglesa, após a morte de Austin, passou a ser dominada pela visão da teoria do comando, que analisaremos a seguir. Isso durou até a publicação de *O conceito de direito* de Herbert Hart (1961).

O OBJETO DE ESTUDO DA JURISPRUDÊNCIA
O direito positivo entendido como comandos do soberano

A principal obra de Austin publicada em vida foi *The Province of Jurisprudence Determined* (1832), da qual não há tradução para o português. O livro contém as primeiras dez palestras de Austin em seu curso na London University.

Seu objetivo no curso não era falar sobre o direito de um lugar específico, mas explicar o próprio conceito de direito. Ele pretendia demarcar aquilo que poderia ser chamado propriamente de lei e aquilo que era apenas impropriamente denominado por meio da expressão "lei". Leis impróprias seriam as leis por analogia e por metáfora, enquanto leis em sentido próprio seriam as leis ou comandos de um superior para o seu subordinado, incorporando as leis de Deus e as leis humanas. Todavia, leis em sentido estrito seriam apenas os comandos estabelecidos por um soberano político, sendo esta a sua fonte. Os comandos do soberano são constitutivos do direito e configuram o objeto de estudo por excelência do jurista. A chave da ciência do direito era a compreensão do mesmo enquanto comandos do soberano. Ao entendê-lo dessa forma, Austin separa o conceito de direito de conceitos com os quais poderia ser confundido, como religião, costumes e moral. Ele complementa seu estudo com uma análise cuidadosa dos conceitos de comando e de soberania, necessários para a compreensão de sua explicação do direito.

Com essa abordagem, Austin visava a colocar o estudo do direito em um patamar científico, seguindo as aspirações de Bentham. A influência deste filósofo no pensamento de Austin é nítida, mas isso não significa que não existissem diferenças, como é possível observar na atitude mais tolerante de Austin em relação à interpretação e à criação judicial do direito.

Com a chegada da obra de Hart, que apresenta objeções cruciais à sua teoria, Austin continuou sendo muito conhecido, mas agora pelos erros e fracassos da teoria do comando. Contudo, recentemente vem ocorrendo um ressurgimento do interesse pela obra de Austin, com algumas defesas de seu pensamento, contra as interpretações e conclusões críticas de Hart. Alguns autores argumentam que a leitura de Hart não foi adequada e que, portanto, muitas das críticas foram injustas. Outros alegam que o modelo de lei como comando reflete melhor o modo como o direito funciona. Um exemplo disso é o trabalho recente de Frederick Schauer "Was Austin Right After All?" ("Estaria Austin certo, afinal?"), publicado na revista *Ratio Juris* (23, 1, 2010), em que o autor defende que cabe à teoria do direito fornecer explicações teóricas e filosóficas sobre o direito existente e sobre como ele é vivenciado. Para Schauer, não é possível fazer isso adequadamente negligenciando o papel coercitivo e sancionador do direito. Austin deu destaque para as sanções em sua teoria, mas Hart e seus discípulos diretos e indiretos deixaram-nas de fora da explicação filosófica do fenômeno jurídico.

[Conferência I] O objeto da jurisprudência[1] é o direito positivo: direito no sentido simples e estrito; ou direito estabelecido por superiores políticos para inferiores políticos. ... (Pode-se dizer que uma lei, na acepção mais geral e abrangente em que se emprega o termo, em seu sentido literal, é uma regra formulada para a orientação de um ser inteligente por um ser inteligente que tem poder sobre ele.) ... Mas, em contraposição à *lei natural*, ou à lei da *natureza* (querendo dizer, por meio dessas expressões, a lei de Deus), o agregado das regras estabelecidas por superiores políticos é frequentemente denominado direito *positivo*, ou direito *posto*. Em contraposição às regras que chamo de *moralidade positiva*, as quais discutirei em seguida, o agregado dessas leis estabelecidas por superiores políticos pode também ser comodamente marcado com o nome de *direito positivo*. ... Afirmarei agora as características essenciais de uma *lei* ou *regra* ... Toda *lei* ou *regra* (tomada na mais ampla significação que pode apropriadamente ser dada ao termo) é um *comando*. Ou melhor, leis ou regras, apropriadamente denominadas, são uma *espécie* de *comando*. ... Assim sendo, tentarei, no primeiro momento, analisar o significado de "*comando*": ... se você expressa ou insinua um desejo de que eu pratique ou me abstenha de algum ato, e se for me fazer algum mal caso eu não aja em conformidade com seu desejo, a *expressão* ou *sugestão* de seu desejo é um *comando*. Um comando se distingue de outros significados de desejo, não pelo estilo em que o desejo é expresso, mas pelo poder e a intenção da parte que comanda a imposição de um mal ou dor caso o desejo seja desconsiderado. Se não puder ou não quiser me causar um dano caso eu não obedeça ao seu desejo, a expressão do seu desejo não é um comando, ainda que você profira seu desejo através de uma frase imperativa. Se for capaz e estiver disposto a me causar dano caso eu não obedeça ao seu desejo, a expressão do seu desejo equivale a um comando, ainda que um espírito de cortesia o leve a proferi-lo na forma de um pedido. ... Sendo passível de sofrer dano provocado por você caso eu não atenda a um pedido que você formula, estou *preso* ou *obrigado* pelo seu comando, ou encontro-me no *dever* de obedecê-lo. Se, apesar daquele mal esperado, não atendo ao desejo que você formula, diz-se que desobedeci ao seu comando, ou violei a obrigação que ele impõe.

Comando e dever são, portanto, termos correlativos, o significado denotado por um sendo implicado ou suposto pelo outro. Ou (mudando a expressão) onde quer que se encontre um dever, um comando foi formulado; e onde quer que um comando seja formulado, um dever é imposto.

---

1. O autor utiliza o termo no mesmo sentido de "teoria do direito". (N.T.)

[Conferência V] Ora, essas características essenciais de uma lei propriamente dita, juntamente com certas consequências que elas acarretam, podem ser expressas brevemente da seguinte maneira: 1) Leis propriamente ditas são uma espécie de *comando*. Mas, sendo um comando, toda lei propriamente dita flui de uma fonte *determinada*, ou emana de um autor *determinado*. Em outras palavras, o autor de quem ela procede é um ser racional *determinado*, ou um corpo ou agregado *determinado* de seres racionais. ... 2) Toda sanção propriamente dita é um mal final *anexado a um comando*. Qualquer eventual mal pode operar como um motivo para agir – mas, a menos que a conduta seja ordenada e o mal seja anexado ao comando propositadamente para impor obediência, o mal não é uma *sanção* na acepção própria do termo. 3) Todo dever propriamente dito supõe um comando pelo qual é criado. Pois toda sanção propriamente dita é um mal final *associado a um comando*. E um dever propriamente dito é a condição de estar sujeito a males desse tipo.

Ora, segue-se dessas premissas que as leis de Deus e as leis positivas são leis em sentido próprio, ou leis propriamente ditas.

As leis de Deus são leis em sentido próprio na medida em que são *comandos*, expressos ou tácitos, e portanto emanam de uma *certa* fonte. ... Mas toda lei positiva, ou toda lei em sentido estrito, é um comando direto ou indireto de um monarca ou grupo soberano na condição de superior político: isto é, um comando direto ou indireto de um monarca ou grupo com soberania para uma pessoa ou pessoas em um estado de sujeição a seu autor. E, sendo um comando (e portanto fluindo de uma fonte *determinada*), toda lei positiva é uma lei em sentido próprio, ou uma lei propriamente dita. ... As sanções associadas às leis de Deus podem ser chamadas *religiosas*. As sanções associadas a leis positivas podem ser chamadas, enfaticamente, *legais*. ... Os deveres impostos pelas leis de Deus podem ser chamados *religiosos*. As obrigações impostas por leis positivas podem ser chamadas, enfaticamente, *legais* – ou se pode dizer que, como as leis pelas quais são impostas, elas são sancionadas *legalmente*.

... A existência da lei é uma coisa; seu mérito ou demérito é outra. Se ela existe ou não é uma investigação; se é ou não compatível com um suposto padrão é uma investigação diferente. Uma lei que realmente existe é uma lei, ainda que possamos não gostar dela, ou ainda que ela difira do texto pelo qual regulamos nossa aprovação ou desaprovação. Essa verdade, quando formalmente anunciada como uma proposição abstrata, é tão simples e óbvia que parece inútil insistir nela. Porém por mais simples e óbvia que seja quando enunciada em expressões abstratas, a enumeração dos casos em que foi esquecida esgotaria um volume.

Sir William Blackstone, por exemplo, diz em seus *Commentaries* que as leis de Deus são superiores em obrigação a todas as outras leis; que não se deveria tolerar que quaisquer leis humanas as contradissessem; que as leis humanas não têm validade alguma se contrárias a elas; e que todas as leis válidas derivam sua força daquela fonte divina.

Ora, *talvez* ele queira dizer que todas as leis devem se conformar às leis divinas. Se é isso que quer dizer, concordo sem hesitação. Os males que podemos sofrer pelas mãos de Deus em consequência da desobediência a Seus comandos são os maiores a que estamos sujeitos; as obrigações que eles impõem são consequentemente superiores àquelas impostas por quaisquer outras leis, e se comandos humanos conflitarem com a lei divina, devemos desobedecer ao comando imposto pela sanção menos poderosa; isso está implicitado no termo "devemos": a proposição é idêntica, e portanto perfeitamente indiscutível – é do nosso interesse preferir o mal menor e mais incerto ao maior e mais seguro. Se foi isso que Blackstone quis dizer, concordo com sua proposição, e só faço a objeção de que ela não nos revela coisa alguma. ... É mais provável, porém, que o significado dessa passagem de Blackstone, se é que ela tem um significado, seja este: que nenhuma lei humana que conflite com a lei divina é obrigatória ou vinculante; em outras palavras, que nenhuma lei humana que conflite com a lei divina *é uma lei*, pois uma lei sem uma obrigação é uma contradição nos termos. ... Ora, dizer que as leis humanas que conflitam com a lei divina não são obrigatórias, isto é, não são leis, é dizer um completo absurdo. As leis mais perniciosas, e portanto aquelas mais opostas à vontade de Deus, foram e são continuamente impostas por tribunais judiciais. Suponha que um ato inócuo, ou positivamente benéfico, seja proibido pelo soberano sob pena de morte; se eu cometer esse ato, serei julgado e condenado, e se objetar que a sentença é contrária à lei de Deus, que ordenou que os legisladores humanos não devem proibir atos que não têm quaisquer consequências más, o Tribunal de Justiça demonstrará o caráter inconclusivo de meu raciocínio enforcando-me em cumprimento à lei cuja validade impugnei. Defesa, objeção ou apelo fundados nas leis de Deus nunca foram ouvidos num Tribunal de Justiça, desde a criação do mundo até o presente momento.

QUESTÕES E TEMAS PARA DISCUSSÃO

1. Qual é o objeto da teoria do direito na visão de Austin?
2. Quais são as características essenciais de uma lei (ou regra) e o que faz dela uma lei jurídica em contraposição a outros tipos de leis?
3. Como Austin explica as propriedades constitutivas da noção de comando?
4. Austin ficou famoso por criar o que seria conhecido como o dogma do positivismo jurídico: a tese da separação entre direito e moral. Aponte o trecho no qual ele defende explicitamente essa tese, explique como ele a concebe e diga se você concorda ou discorda de Austin. Justifique a sua resposta.
5. Como Austin interpreta a posição de William Blackstone e como ele a refuta?

LEITURAS SUGERIDAS

Araújo, Marcelo. "John Austin", *in* Vicente de Paula Barreto (org.), *Dicionário de filosofia do direito*. São Leopoldo/Rio de Janeiro, Unisinos/Renovar, 2006, p.72-6.

_____. "Utilitarismo teológico e positivismo legal no pensamento de John Austin", *in* Maria Cecilia Maringoni de Carvalho (org.), *O utilitarismo em foco: um encontro com seus proponentes e críticos*. Florianópolis: UFSC, 2007, p.39-72.

Morris, Clarence. *Os grandes filósofos do direito*. São Paulo, Martins Fontes, 2002.

Morrison, Wayne. *Filosofia do direito: dos gregos ao pós-modernismo*. São Paulo, WMF Martins Fontes, 2012.

Sgarbi, Adrian. *Clássicos de teoria do direito*. Rio de Janeiro, Lumen Juris, 2009.

HART

Herbert Lionel Adolphous Hart (1907-1992), ou H.L.A. Hart, como ficou conhecido, foi para o cenário de língua inglesa o que Hans Kelsen foi nos países de língua não inglesa: o principal positivista jurídico do século XX. Descendente de poloneses e alemães, Hart nasceu na Inglaterra, em família de origem judaica. Estudou em Oxford entre 1926 e 1929 como *"open classics scholar"*, o que compreendia uma formação em grego, latim, história antiga e filosofia antiga, entre outras matérias, e acabou se preparando para o exame de qualificação para a prática jurídica sem ter feito um curso formal de direito, apenas leituras de casos junto com C.A.W. Manning, seu tutor. Aprovado em 1932, atuou com sucesso em consultorias e nos tribunais. Mas, no fundo, gostava do direito porque lhe fornecia um rol amplo de exemplos para a reflexão filosófica.

Em junho de 1940, dando vazão a seu desejo profundo de servir à Inglaterra no âmbito da Segunda Guerra Mundial (problemas de saúde o incapacitavam para o combate), obteve uma vaga no serviço de inteligência militar, decifrando códigos criptografados do serviço secreto alemão. Lá conheceu Stuart Hampshire e Gilbert Ryle, dois importantes filósofos. Vendo escassear o tempo que podia dedicar à filosofia, Hart abandonou a advocacia.

Em 1945, ingressou como tutor no New College de Oxford. Durante o tempo em que Hart atuou na instituição, John Langshaw Austin, o filósofo da linguagem ordinária, foi a sua maior referência e quem mais o influenciou, ficando os dois muito amigos e compartilhando disciplinas. Discutiam exaustivamente a respeito das diferenças entre regras de jogos, regras morais e regras jurídicas, além de temas como responsabilidade e causalidade – sempre por meio de uma análise linguística cuidadosa, que permitia a realização de distinções refinadas entre as situações de uso de certos conceitos importantes para a filosofia.

Foi apenas em 1952 que Hart se tornou professor de teoria do direito. A disciplina tinha se tornado técnica e pouco filosófica, confinada por assuntos

Hart

95

como fontes do direito, propriedade, entre outros. Hart a transformou em uma disciplina genuinamente filosófica. Ainda em 1952, começou a dar as palestras que forneceriam o substrato de sua obra mais importante: *O conceito de direito* (1961).

Estimulado por J.L. Austin, aceitou um convite para lecionar e pesquisar nos departamentos de direito e filosofia de Harvard entre 1956 e 1957. Nesse período, além de testar seus argumentos sobre causalidade (que vinha desenvolvendo com Tony Honoré em Oxford) e estudar direito penal com os americanos, Hart também teve suas famosas disputas com Lon Fuller (ver, neste volume, p.106-15) sobre as relações entre direito e moral, defendendo a separação entre os dois conceitos, enquanto Fuller defendia a existência de uma conexão necessária entre eles. Hart voltou para Oxford e permaneceu como titular da cadeira até 1969, quando foi sucedido por seu ex-aluno e principal crítico Ronald Dworkin. Nesse período publicou abundantemente, tratando de temas variados como a natureza do direito, causalidade no direito, direito penal, filosofia política e moral, entre outros. Além de Dworkin, outros alunos de Hart se destacaram como grandes protagonistas da filosofia do direito contemporânea, como Joseph Raz, John Finnis e Wilfrid Waluchow (ver, neste volume, p.150-63). Depois que abandonou o magistério, Hart dirigiu o Brasenose College e, nos últimos anos de vida, dedicou-se a editar os escritos de Jeremy Bentham e a tentar responder algumas das críticas que recebeu, principalmente as de Dworkin. As respostas foram publicadas postumamente, em 1994, no pós-escrito de *O conceito de direito*.

O CONCEITO DE DIREITO
O direito como união de regras primárias e secundárias

Escrito para atender a uma demanda de seus alunos, *O conceito de direito* é basicamente um trabalho de teoria analítica do direito, no qual a principal pretensão de Hart era oferecer uma análise geral e descritiva do conceito de direito que fosse moralmente neutra. Assim, fica patente que ele concordava com o ímpeto positivista de John Austin (ver, neste volume, p.87-93) no sentido de defender a "separabilidade" entre direito e moral. Uma questão é aquela que diz respeito ao que é o direito, outra questão diferente (mas também importante) é a questão normativa sobre como o direito deve ser para que seja um bom direito, isto é, a questão sobre o seu mérito ou demérito. Contudo Hart não concordava com a explicação geral e descritiva fornecida por Austin, baseada na teoria do comando. Para ele, a complexidade do direito não poderia ser capturada por uma explicação que o reduzia às expressões de vontade do soberano, acompanhadas por sanções. A teoria do direito de Hart aponta as falhas na teoria do comando de Austin e o que seria necessário para superá-las. A passagem da obra reproduzida aqui mostra uma parte significativa dessas críticas.

Hart complementa a construção de sua teoria com um experimento mental sobre o que muda na transição de uma sociedade primitiva (pré-jurídica) para uma sociedade que possui aquilo que pode ser chamado propriamente de um sistema jurídico. Sua conclusão é de que a chave para a compreensão do conceito de direito envolve tratá-lo como sendo a união entre regras (ou normas, na tradução utilizada) primárias e secundárias. As regras primárias estabelecem deveres e obrigações, enquanto as secundárias indicam como reconhecer as regras primárias existentes (regras secundárias de reconhecimento), como alterá-las (regras secundárias de modificação) e como resolver as pendências que surgem diante da questão sobre se uma determinada regra foi ou não violada (regras secundárias de julgamento). Com a introdução das regras secundárias, passa-se de um mero conjunto de normas para aquilo que seria propriamente um sistema jurídico. Um sistema engloba um conjunto estruturado e, no caso, a estrutura é possibilitada pelas regras secundárias.

Entre estas, um destaque maior é dado às regras de reconhecimento, sobretudo à ideia de uma regra de reconhecimento última, que estabelece os critérios mais fundamentais para a identificação do direito. Ela normalmente não aparece de forma escrita ou explicitada, mas existe enquanto um fato social: ela é praticada. Se alguém tem alguma dúvida sobre o que conta como direito válido ou existente em um determinado lugar, deve observar o comportamento dos agentes e oficiais do sistema jurídico. De acordo com Hart, a condição mínima para a existência do direito envolve uma prática convergente dos oficiais ou autoridades do sistema no momento de identificar o mesmo. Essa prática pode, posteriormente, ser reconstruída como uma regra, que pode ser algo tão simples como "tudo o que está escrito numa pedra", "tudo o que o rei diz", ou tão complexo quanto "tudo o que está de acordo com a Constituição e é aprovado pelo Legislativo". Quando os oficiais ou autoridades do sistema, de uma maneira geral, não internalizam de modo minimamente convergente os mesmos critérios de identificação do direito, não há um sistema jurídico.

A regra de reconhecimento permite a construção de uma teoria ao mesmo tempo geral e descritiva do direito. O direito é aquilo que é efetivamente internalizado ou aceito enquanto tal pelos oficiais ou autoridades em um determinado lugar. Aquele que descreve o direito pode considerar que os critérios de identificação do direito internalizados pelos oficiais são péssimos do ponto de vista moral e que não deveriam ter sido aceitos, mas é o fato da internalização que explica a existência do direito.

Em entrevista de 1988 a David Sugarman, publicada em 2005 no *Journal of Law and Society*, quando indagado sobre se a sua teoria acerca do direito seria realmente descritiva e livre de qualquer tipo de avaliação, Hart responde:

> Ela não envolveria nenhum tipo de avaliação moral. Em certo sentido ela avalia, mas qualquer teoria que tenta definir ou explicar uma atividade complexa tem que selecionar certos itens dessa prática como sendo importantes ou suficientes para serem enfocados. Quero dizer, se estou assistindo a um jogo, se estou descrevendo esse jogo como um jogo, não vou selecionar o tamanho dos jogadores para descrevê-lo, porque isso não esclarece nenhuma questão principal. Contudo, vou selecionar para a minha descrição não só o fato de que os jogadores estão disputando a bola, mas de que se eles a colocarem em um determinado lugar isso conta como um ponto na direção de vencer a partida. Portanto, a teoria avalia no sentido de que ela seleciona características da atividade complexa, não porque ela a justifica moralmente, mas porque essas características seriam relevantes, entre outras questões, para as questões morais que você formula. Mas ela não fornece a resposta. Já Dworkin está dizendo que qualquer teoria do direito que vale a pena é uma mistura de avaliação descritiva e moral – tem de apresentar o direito sob a melhor luz possível. Por que não mostrar o direito sob a sua pior luz?

Conforme lemos, uma das principais razões para descrever o direito adequadamente é justamente para possibilitar que sua crítica do ponto de vista moral seja mais rigorosa. Embora o principal trabalho de Hart tenha sido um livro de filosofia analítica do direito com pretensões conceituais e descritivas, ele também se engajou em empreitadas de caráter normativo. Escreveu contra a pena de morte, a favor da descriminalização de relações homossexuais e da prostituição. Seu trabalho *Direito, liberdade e moralidade* (1963) foi uma reação às posições conservadoras de Lord Patrick Devlin. Hart se dizia da "esquerda não comunista" e chegou a dar seminários para o Labour Party ensinando como impedir que os ricos explorassem as brechas da lei para realizarem evasão fiscal. Hart também se opunha ferrenhamente às políticas conservadoras do governo Thatcher e participou da campanha para negar-lhe o título de *doutor honoris causa* em direito civil por Oxford; em 1985, os professores votaram esmagadoramente contra a concessão do título – algo inédito, já que todos os ministros anteriores educados em Oxford o haviam recebido.

Nos últimos três capítulos, constatamos que o modelo simples do direito como um conjunto de ordens coercitivas do soberano não reproduz, em vários aspectos fundamentais, algumas das principais características dos sistemas jurídicos. Para demonstrá-lo, não julgamos necessário invocar (como fizeram críticos anteriores) o direito internacional ou o direito primitivo, que alguns podem encarar como exemplos questionáveis ou limítrofes do direito; em vez disso, assinalamos certas características familiares do direito interno num Estado moderno e mostramos que estas ou eram distorcidas, ou simplesmente não faziam parte dessa teoria demasiado simples.

Os fracassos principais da teoria são suficientemente instrutivos para justificar um segundo resumo. Primeiro, ficou claro que, conquanto a lei penal – que proíbe ou impõe determinados atos sob ameaça de punição – dentre todas as formas do direito seja a que mais se pareça com as ordens apoiadas por ameaças dadas por uma pessoa a outras, ela difere dessas ordens sob o aspecto importante de que normalmente se aplica também àqueles que a editam, e não apenas a terceiros. Em segundo lugar, há outros tipos de lei ou modalidades do direito, especialmente as que outorgam poderes jurídicos para exarar decisões ou legislar (poderes públicos), ou para criar ou modificar relações jurídicas (poderes particulares) – modalidades essas que não podem, por absurdo, ser assimiladas às ordens apoiadas em ameaças. Em terceiro lugar, algumas normas jurídicas diferem das ordens quanto à sua origem, pois não foi por prescrição explícita, nem por nenhum modo análogo, que vieram a existir. Finalmente, a análise do direito em termos de um soberano habitualmente obedecido e necessariamente isento de qualquer limitação jurídica não pôde explicar a continuidade da autoridade legislativa, continuidade essa que é característica dos sistemas jurídicos modernos; e a pessoa ou pessoas soberanas não puderam ser identificadas nem com o eleitorado, nem com o poder legislativo de um Estado moderno.

...

Os últimos três capítulos são, portanto, o registro de um fracasso, e está claro que um novo começo é necessário. Mas trata-se de um fracasso teórico instrutivo, digno da análise detalhada que lhe dedicamos, pois em cada ponto em que a teoria se choca com os fatos foi possível ver, pelo menos em linhas gerais, por que ela estava destinada a fracassar e o que é necessário para uma explicação melhor. A causa fundamental do fracasso é que os elementos a partir dos quais a teoria foi construída – a saber, as ideias de ordens, obediência, hábitos e ameaças – não incluem, e combinados não podem produzir, a ideia de uma *norma*, sem a qual não teremos a esperança de elucidar nem sequer as formas mais elementares do direito.

...

É possível, evidentemente, imaginar uma sociedade desprovida de poder legislativo, tribunais ou autoridades de qualquer espécie. De fato, muitos estudos sobre comunidades primitivas não apenas afirmam que essa possibilidade se realiza, mas retratam detalhadamente a vida de uma sociedade na qual o único meio de controle social é aquela atitude geral do grupo diante de suas próprias modalidades convencionais de comportamento, sob cujos traços já caracterizamos as normas de obrigação. ... Nos referiremos a uma estrutura social dessa espécie como uma sociedade que comporta normas primárias de obrigação.

...

É evidente que apenas uma pequena comunidade, estreitamente unida por laços de parentesco, sentimentos e convicções comuns, localizada num ambiente estável, poderia conseguir viver sob tal regime de normas não oficiais. Sob quaisquer outras condições, essa forma simples de controle social se mostraria deficiente e exigiria vários tipos de suplementação. Em primeiro lugar, as normas que orientam a vida do grupo não formam um sistema, mas consistem simplesmente num conjunto de padrões isolados, sem nenhuma característica identificadora comum, exceto, é claro, pelo fato de constituírem as normas aceitas por um grupo específico de seres humanos. Sob esse aspecto, lembram nossas normas de etiqueta social. Assim, em caso de dúvida sobre a essência das normas ou sobre o âmbito preciso de aplicação de qualquer uma delas, não existe um procedimento instituído para dirimir essa incerteza, por meio da referência quer a um texto autorizado, quer a uma autoridade cujas declarações sejam vinculantes a esse respeito. Pois, evidentemente, tal procedimento e o reconhecimento de algum texto ou pessoa autorizados supõem a existência de normas de um tipo diferente das normas de obrigação ou dever, que são, por hipótese, tudo o que o grupo possui. Podemos chamar *incerteza* a esse defeito da estrutura social simples que só tem as normas primárias.

Um segundo defeito é o caráter *estático* dessas normas. As únicas formas de modificação nas normas desse tipo de sociedade serão o lento processo de crescimento, por meio do qual condutas antes tidas como opcionais se tornam primeiro habituais ou costumeiras e a seguir obrigatórias, e o processo inverso de decadência, quando infrações antes punidas com severidade começam a ser toleradas e, mais tarde, passam despercebidas. Numa sociedade como essa, não haverá meios para adaptar deliberadamente as normas à mudança das circunstâncias, seja pela eliminação de normas antigas, seja pela introdução de novas normas; pois, como já dissemos, a possibilidade de fazê-lo pressupõe a existência de normas de um tipo diferente das normas primárias de obrigação, que são, por suposição, as únicas segundo as quais o grupo vive.

...

O terceiro defeito dessa forma simples de vida social é a *ineficiência* da pressão social difusa pela qual as normas são mantidas. Sempre haverá disputas para saber se uma norma aceita foi ou não violada, disputas que continuarão interminavelmente, exceto nas menores sociedades, se não houver uma instância especialmente encarregada de estabelecer, em termos conclusivos e peremptórios, o fato da violação da norma.

...

A solução para cada um desses três defeitos principais dessa forma mais simples de estrutura social consiste em suplementar as normas *primárias* de obrigação com normas *secundárias*, que pertencem a uma espécie diferente. A introdução da correção para cada um dos defeitos mencionados poderia ser considerada, em si mesma, uma etapa da transição do mundo pré-jurídico ao jurídico, pois cada recurso corretivo traz consigo muitos dos elementos que permeiam o direito: certamente, combinados, os três recursos bastam para converter o regime de normas primárias em algo que é indiscutivelmente um sistema jurídico. Examinaremos as três soluções, uma de cada vez, e demonstraremos por que motivo o direito pode ser caracterizado como uma combinação de normas primárias de obrigação com normas secundárias. Antes de fazê-lo, entretanto, devemos chamar a atenção para os aspectos gerais que se seguem. Embora os recursos corretivos consistam na introdução de normas que são certamente diferentes entre si, e que diferem também das normas primárias de obrigação que visam suplementar, eles têm aspectos comuns importantes e se inter-relacionam de várias maneiras. Assim, pode-se dizer que todas as normas secundárias se situam num nível diferente daquele das normas primárias, pois versam todas *sobre* essas normas: isto é, enquanto as normas primárias dizem respeito a atos que os indivíduos devem ou não devem praticar, todas as normas secundárias se referem às próprias normas primárias. Especificam como as normas primárias podem ser determinadas, introduzidas, eliminadas e alteradas de forma conclusiva, e como estabelecer conclusivamente o fato de terem sido transgredidas.

A forma mais simples de solução para a *incerteza* própria do regime de normas primárias é a introdução de algo que chamaremos "norma de reconhecimento". Essa norma especifica as características que, se estiverem presentes numa determinada norma, serão consideradas como indicação conclusiva de que se trata de uma norma do grupo, a ser apoiada pela pressão social que este exerce. A existência dessa norma de reconhecimento pode assumir qualquer uma dentre uma imensa variedade de formas, simples ou complexas.

...

Em um sistema jurídico evoluído, as normas de reconhecimento são evidentemente mais complexas; em vez de identificarem as normas exclusivamente pela consulta a um texto ou lista, o fazem por meio da referência a algumas características gerais das normas primárias. Pode ser, por exemplo, o fato de terem sido aprovadas por um órgão específico, ou sua longa prática consuetudinária, ou ainda por sua relação com as decisões judiciais.

...

A solução para o caráter *estático* do regime de normas primárias consiste na introdução do que denominaremos "normas de modificação". A forma mais elementar de uma norma desse tipo é a que autoriza algum indivíduo ou grupo de pessoas a introduzir novas normas primárias para orientar a vida do grupo, ou de uma classe dentro dele, e a eliminar normas antigas.

...

O terceiro suplemento ao regime simples de normas primárias, que visa remediar a *ineficiência* de sua pressão social difusa, consiste em normas secundárias que capacitem alguns indivíduos a solucionar de forma autorizada o problema de saber se, numa ocasião específica, foi violada uma norma primária. A forma mínima de julgamento consiste nessas determinações, de modo que denominaremos "normas de julgamento" as normas secundárias que outorgam o poder de formulá-las. Além de identificar os indivíduos que deverão julgar, essas normas também definem os procedimentos a serem seguidos.

...

Se fizermos uma pausa para examinar a estrutura resultante da combinação de normas primárias de obrigação com as normas secundárias de reconhecimento, modificação e julgamento, tornar-se-á claro que temos aqui não apenas o cerne de um sistema jurídico, mas também um poderosíssimo instrumento para a análise de muitos problemas que têm intrigado tanto os juristas quanto os teóricos da política.

...

Exigem-se, portanto, duas condições mínimas, necessárias e suficientes, para a existência de um sistema jurídico. Por um lado, as normas de comportamento válidas de acordo com os critérios últimos de validade do sistema devem ser geralmente obedecidas; por outro lado, as normas de reconhecimento que especificam os critérios de validade jurídica e as normas de modificação e julgamento devem ser efetivamente aceitas como padrões públicos comuns de comportamento oficial por parte das autoridades do sistema. A primeira condição é a única que os cidadãos privados *precisam* satisfazer; eles podem obedecer cada qual "por sua própria conta", ou por qualquer outro motivo. Apesar disso, numa sociedade saudável, muitas vezes de fato aceitarão essas normas como padrões comuns de comportamento e reconhecerão sua obrigação de obedecer-lhes, ou até derivarão essa obrigação de uma outra, mais geral, de respeitar a constituição. A segunda condição deve também ser satisfeita pelas autoridades do sistema. As autoridades devem encarar as normas como padrões comuns de comportamento oficial e avaliar criticamente suas próprias infrações e as dos outros, encarando-as como deslizes.

ENSAIOS SOBRE TEORIA DO DIREITO E FILOSOFIA
O positivismo e a separação entre direito e moral

Muitas das teses que posteriormente desenvolveu em *O conceito de direito* Hart já havia apresentado embrionariamente em sua Holmes Lecture (palestra proferida em Harvard), publicada em 1958 no *Harvard Law Review* sob o título "Positivism and the Separation of Law and Morals". Uma dessas teses, ainda muito discutida na literatura contemporânea sobre interpretação jurídica, transplantava considerações da filosofia da linguagem ordinária – desenvolvida pelo segundo Wittgenstein, por Friedrich Waismann e por John Langshaw Austin – para aplicá-las no campo do direito. Seguindo essa tradição, Hart defendia que o significado da linguagem era dado por critérios convencionais, estabelecidos pelo uso. Sendo assim, todo conceito poderia apresentar um núcleo duro de certeza e uma zona de penumbra; ou casos claros e casos cinzentos de aplicação: a regra que proíbe a entrada de veículos num parque claramente engloba o caso do automóvel, mas o que dizer da pessoa que entra de patins?

Hart desenvolve a discussão sobre a indeterminação da linguagem ainda mais no capítulo VII de *O conceito de direito*, "O formalismo e o ceticismo em relação às normas":

> Se não fosse possível transmitir, sem nenhuma orientação adicional, padrões gerais de conduta compreensíveis para multidões de indivíduos – padrões que exigem deles certos comportamentos em determinadas circunstâncias –, não existiria nada do que hoje entendemos por direito. Em consequência, o direito deve referir-se preferencialmente, embora não exclusivamente, a classes de pessoas e a classes de condutas, coisas e circunstâncias; e o êxito da sua atuação sobre vastas áreas da vida social depende de uma capacidade amplamente difusa de reconhecer certos atos, coisas e circunstâncias como manifestações das classificações gerais feitas pelas leis.

As regras jurídicas são confeccionadas utilizando conceitos que fazem parte da nossa linguagem ordinária e, consequentemente, são sempre potencialmente vagas. Sempre é possível surgir um caso novo, não antecipado, que não é abarcado com clareza ou é rejeitado pela linguagem utilizada na construção da regra. As convenções linguísticas podem se mostrar insuficientes diante de certas situações e a possibilidade constante disso acontecer é o fenômeno da textura aberta da linguagem. De acordo com Hart, quando surge um problema de penumbra, o responsável pela tomada de decisão não tem uma resposta fornecida pelo direito à sua disposição e terá que atuar como uma espécie de legislador intersticial, fazendo uso de sua discricionariedade, construindo (e não descobrindo) a solução. O caso novo possui algumas características em comum com os casos paradigmáticos incluídos no núcleo de certeza da regra, mas possui também outras características que destoam daqueles, e cabe ao responsável pela decisão argumentar a favor do tipo de tratamento que vai ser dado ao caso novo. Caberá ao julgador avaliar em que medida o caso novo é suficientemente semelhante aos casos paradigmáticos nos aspectos relevantes para tomar sua decisão.

Hart adota uma postura segundo a qual a linguagem não é totalmente perfeita e determinada, contrariando alguns formalistas ingênuos que acreditavam em uma espécie de paraíso conceitual, mas também não é sempre indeterminada, como, por outro lado, acreditavam alguns realistas completamente céticos em relação à capacidade de determinação da linguagem. O direito funciona porque a nossa linguagem ordinária funciona na maior parte do tempo. Dessa forma podemos entender a linguagem geral das regras jurídicas e saber o que é esperado de nós pelo direito. Todavia, em função da textura aberta da linguagem, em alguns momentos surgem casos de penumbra. Para Hart, isso não chega a configurar um problema, ao contrário: a textura aberta permite que certas questões que dificilmente poderiam ter sido antecipadas por ocasião de confecção da regra possam ser devidamente analisadas no momento adequado.

66 Uma regra jurídica nos proíbe de levar um veículo a um parque público. Isto claramente proíbe um automóvel, mas o que dizer de bicicletas, patins, carrinhos de brinquedo? E aviões? Todos esses devem ser chamados de "veículos" para os fins dessa regra ou não? Se temos que nos comunicar minimamente uns com os outros e se, na forma mais elementar de direito, temos que expressar nossas intenções de que um certo tipo de comportamento seja regulado por regras, então as palavras gerais que utilizamos – como "veículo" no caso que estou analisando – devem ter algum caso padrão (*standard ins-*

tance) no qual não há dúvidas quanto à sua aplicação. Deve haver um núcleo de sentidos estabelecidos (*core of seetled meaning*), mas haverá, também, uma zona de penumbra de casos discutíveis nos quais as palavras nem são obviamente aplicáveis, nem obviamente descartadas. Cada um desses casos apresentará algumas características em comum com o caso padrão; e não apresentará outras, ou será acompanhado por outras características não presentes no caso padrão. A invenção humana e os processos naturais continuamente trazem essas variações àquilo que é familiar, e se devemos dizer que essas séries de fatos se enquadram ou não nas normas existentes, então aquele que as classifica deve tomar uma decisão que não lhe é ditada (por outrem), pois os fatos e fenômenos aos quais empregamos nossas palavras e aplicamos nossas normas são como se fossem *mudos*. O automóvel de brinquedo não pode falar e dizer "Eu sou um veículo para os fins dessa regra jurídica", nem podem os patins gritar em coro "Nós não somos um veículo". As situações de fato não se apresentam a nós claramente etiquetadas, passadas e dobradas; nem trazem escrita em si sua classificação jurídica para que o juiz simplesmente a leia. Ao invés disso, ao aplicar normas jurídicas, alguém tem que assumir a responsabilidade de decidir que as palavras englobam ou não englobam o caso em pauta, com todas as conseqências práticas que essa decisão envolve.

QUESTÕES E TEMAS PARA DISCUSSÃO

1. Explique as críticas que Hart faz ao modelo de Austin, que concebe o direito como um conjunto de ordens coercitivas do soberano.
2. Hart realiza um experimento mental no qual concebe um modo de organização social próprio de uma comunidade simples, estreitamente unida por laços de parentesco, sentimentos e convicções comuns e localizada num ambiente estável. Explique como seria esse modo de organização e quais os três defeitos que surgem quando uma sociedade mais complexa e heterogênea tenta preservar esse modo de organização.
3. Quais são os três corretivos para resolver os problemas acima e como os mesmos caracterizam a passagem do mundo pré-jurídico para aquilo que é indiscutivelmente um sistema jurídico?
4. Quais são as condições mínimas, necessárias e suficientes, para a existência de um sistema jurídico, segundo Hart?
5. Explique a noção de textura aberta da linguagem de acordo com Hart. Encontre exemplos de regras vagas dentro do direito brasileiro. Pense em

casos de penumbra dessas regras e indique qual solução você ofereceria para eles. Justifique a sua resposta. Procure saber se algum desses casos que você imaginou efetivamente aconteceu e qual foi a forma de resolvê-lo apresentada pelo juiz responsável.

LEITURAS SUGERIDAS

Coelho, André. "O direito como união de regras primárias e secundárias", *in* André Coelho (org.), website Filósofo Grego, http://aquitemfilosofiasim. blogspot.com.br/2014/08/palestra-o-direito-como-uniao-de-regras.html.

Hart, Herbert L.A. *O conceito de direito*. São Paulo, WMF Martins Fontes, 2009.

____. *Ensaios sobre teoria do direito e filosofia*. Rio de Janeiro, Elsevier, 2010.

____. *Direito, liberdade, moralidade*. Porto Alegre, Safe, 1987.

Maccormick, Neil. *H.L.A. Hart*. Rio de Janeiro, Elsevier, 2009.

Sgarbi, Adrian. *Clássicos de teoria do direito*. Rio de Janeiro, Lumen Juris, 2009.

Struchiner, Noel. *Direito e linguagem: uma análise da textura aberta da linguagem e sua aplicação ao direito*. Rio de Janeiro, Renovar, 2002.

FULLER

Primeiro aluno da turma de 1926 do doutorado em direito pela Universidade de Stanford, Lon Luvois Fuller (1902-1978), contrariando as sugestões do pai, que o incentivava a advogar, acabou optando pelo magistério. Poucos meses depois de formado, começou a dar aulas na faculdade de direito da Universidade do Oregon, no campo de direito de propriedade, e lecionou ainda na Universidade do Illinois e na Universidade Duke, antes de ir para a Universidade Harvard, onde trabalhou até 1972. Com diversas publicações ao longo da vida acadêmica, ficou famoso tanto por suas contribuições na área de contratos quanto por seus *insights* no campo da teoria do direito.

No Brasil, a sua fama se deve a *O caso dos exploradores de cavernas* (originalmente publicado em 1949 e traduzido para o português em 1976), que continua sendo um trabalho quase que obrigatório para os iniciantes no curso de direito. Trata-se de um caso fictício – mas inspirado em dois casos reais de naufrágio em alto-mar (*U.S v. Holmes*, de 1842, e *Regina v. Dudley & Stephens*, de 1884) – no qual um grupo de exploradores amadores de cavernas, depois de ficarem presos durante uma expedição e não contarem com mais suprimentos, acabam matando um dos membros do grupo para poderem se alimentar e sobreviver mais tempo, ampliando as chances de serem resgatados com vida. Quando finalmente isso acontece e tudo que ocorreu na caverna vem à tona, surge a questão: devem ou não ser condenados pelo que fizeram? Afinal, a lei de pertinente estabelecia: "Quem quer que intencionalmente prive a outrem da vida será punido com a morte." O caso foi meticulosamente arquitetado por Fuller para mostrar algumas dificuldades em torno do conceito de direito e da ideia de interpretação jurídica. O direito se esgota na lei? A lei deve ser interpretada literalmente ou com base nos seus propósitos? Quando a lei estabelece algo que vai contra o senso comum, ainda assim deve ser aplicada? Fuller demonstra como, dentro da prática jurídica, convivem teorias e posturas variadas sobre o direito, e que têm implicações práticas significativas e conflitantes. Os verdadeiros protagonistas dessa história são os juízes hipotéticos que espelham essas diferentes teorias (realismo, jusnaturalismo, formalismo...) e as tensões que emergem a partir delas.

No circuito jusfilosófico mais restrito e especializado, Fuller é conhecido pelas discussões que travou com H.L.A. Hart. Embora as disputas orais tenham aparecido na ocasião da temporada que Hart passou em Harvard (1956-1957), o chamado "debate Hart-Fuller", em sua versão escrita, se inicia com os artigos "Positivism and the separation of law and morals", de Hart, e "Positivism and fidelity to law – a reply to professor Hart", de Fuller, ambos publicados na *Harvard Law Review* (v.71, n.4), em 1958. O tema central são relações entre direito e moral, com Hart defendendo a posição positivista e sustentando a separação conceitual entre ambos, enquanto Fuller rejeita as teses hartianas.

Um dos subtemas que debateram foi justamente a visão de Hart de que alguns conceitos apresentariam um núcleo duro de significado e uma região de penumbra de significado. Na visão de Fuller, Hart estaria defendendo que o significado de uma regra depende das palavras que foram utilizadas em sua construção. Assim, o significado da regra "É proibida a entrada de veículos no parque" dependeria principalmente dos significados das palavras "veículo" e "parque", respectivamente. Segundo Hart, a palavra "veículo" possui um núcleo duro de significado, que incorpora casos como motocicletas, caminhões e carros. Contudo a mesma palavra possui uma região de penumbra, na qual seu significado não é claro, como no caso de um skate, um carrinho de bebê ou um patinete. Quando o caso cai no núcleo de significado da palavra, então ele é fácil do ponto de vista jurídico, mas quando incorre na região de penumbra do significado da palavra, o juiz não tem escolha a não ser adotar uma postura mais criativa, já que o direito se esgota, mostrando-se indeterminado para aquela situação. Nas situações de penumbra, e apenas nas situações de penumbra, é que se faz necessário questionar os propósitos da regra para se construir uma solução para o problema. Em outras palavras, enquanto nos casos claros o juiz pode simplesmente descobrir o direito, nos casos difíceis ele invariavelmente tem de construir o direito, podendo fazê-lo a partir de considerações sobre os propósitos da regra.

Fuller discorda daquilo que ele entende como a visão hartiana da linguagem, segundo a qual existiria um significado independente do propósito da regra. Fuller inverte a proposta e diz que a clareza ou não das palavras utilizadas na regra, e consequentemente a clareza da própria regra, está condicionada e é uma função do propósito da mesma. Para provar seu ponto, ele apresenta dois exemplos. O primeiro é o do caminhão de guerra em perfeito estado que teria sido colocado em uma praça como um memorial de guerra – para ele um caso fácil: o caminhão claramente não é um veículo, e o que permite enxergar isso com segurança é o propósito da regra. O segundo exemplo utilizado por ele é o da regra que estabelece que "Não se pode dormir na estação de trem". De acordo com Fuller, se um homem de negócios adormece alguns minutos sentado no banco da estação durante a madrugada porque o seu trem atrasou, ele claramente não deve ser punido, já que o significado da regra nitidamente não abarca o caso desse homem. Por outro lado, Fuller entende que um mendigo que deita no banco da estação, impedindo que outros possam ocupá-lo, ou um homem que leva um cobertor e travesseiro e se aloja no banco, mesmo que não estejam no estado fisiológico que chamaríamos de "dormir", claramente caracterizariam casos de aplicação da regra. O que torna a regra clara ou não são os seus propósitos.

Outro ponto de discordância entre os autores, agora mais centralmente ligado às relações entre direito e moral, diz respeito a certos casos que surgiram depois da Segunda Guerra Mundial. Terminado o conflito, os tribunais da Alemanha se viram diante da questão de como lidar com os atos de extrema injustiça realizados dentro dos contornos da lei nazista. Um caso específico foi o de uma mulher que denunciou o marido, do qual queria se ver livre, por ter falado mal do regime, algo que era proibido de acordo com a lei e que poderia levar à pena de morte. O homem foi condenado e obrigado a lutar no front, onde acabou sendo morto. Depois da guerra, a mulher foi processada por ter injustamente constrangido a liberdade do marido. Fuller defendeu a decisão da corte que estabeleceu que a lei nazista seria nula, e que nunca teria feito parte do direito. Hart, por sua vez, que defendia a separação entre direito e moral, dizia que tal solução era um engodo: para ele era claro que a lei nazista era juridicamente válida, apesar de grosseiramente imoral. Ser juridicamente válida não implicava força moral absoluta. Para Hart, os juízes deveriam encarar o problema enquanto um problema moral, com toda a sua complexidade. Segundo ele, em certos casos juízes devem assumir que estão tomando uma decisão moral contrária ao direito por ser a coisa certa, e não fazer uso de subterfúgios para esconder o fato de que a decisão possui uma tintura moral. Fuller, por sua vez, achava que o sistema de leis de um regime ditatorial como o regime nazista não observava o que ele chamava de "moralidade interna do direito", o conjunto de critérios mínimos capazes de garantir a juridicidade, ou existência jurídica, de certas leis. Em suma, Hart e Fuller concordam com a condenação da mulher que denunciou o marido, mas discordam da justificativa para tal. Essa temática estimulou Fuller a criar mais um de seus casos fictícios, que foi publicado como apêndice ("O caso dos denunciantes invejosos") em seu *The Morality of Law*.

A MORALIDADE DO DIREITO
Oito maneiras de fracassar na construção do direito

A principal obra jusfilosófica de Fuller, *The Morality of Law*, foi publicada em 1964. Nela ele apresenta de forma mais sistemática as suas considerações contra o positivismo e propõe de maneira mais desenvolvida sua versão peculiar e secular de direito natural. A parábola que escolhemos reproduzir aqui faz parte do capítulo "Oito maneiras de fracassar na construção do direito" e conta a história de Rex, que após assumir o trono tenta realizar uma série de reformas jurídicas, sem sucesso. Segundo Fuller, cada um de seus fracassos é indicativo de um ingrediente que o direito deve necessariamente apresentar, em um grau pelo menos significativo, para poder ser considerado como direito. A ideia por trás da alegoria de Fuller é que o direito existe com o propósito de garantir a governança dos homens por meio de regras – e para que isso seja possível os fracassos de Rex não podem ser admitidos. Para que exista direito, faz-se necessária a existência de regras gerais que sejam públicas, prospectivas e não retroativas, suficientemente claras e inteligíveis para seus destinatários, consistentes entre elas, que exijam condutas possíveis de serem realizadas, que tenham uma certa permanência e não sejam alteradas a todo momento, além da necessidade de uma certa congruência entre aquilo que é *apresentado* como o direito e aquilo que é *aplicado* como o direito. Em conjunto, as oito propriedades elencadas por Fuller caracterizam aquilo que ele vai chamar de "moralidade interna do direito". Aquilo que o direito é ou pode ser está condicionado pelo seu propósito de governar as condutas humanas por meio de regras, e Fuller acredita que essas exigências sejam morais, por isso chama o conjunto dos oito princípios mencionados de *moralidade interna* do direito. A moralidade interna é procedimental, e não uma moralidade substancial. Ela é interna porque reside na própria forma que o direito pressupõe para poder existir. Então, a moral da história de Fuller é a moralidade interna do direito. Direito e moral estão intrinsicamente entrelaçados, o que faz de Fuller um adepto do direito natural, porém, diferentemente dos jusnaturalistas mais clássicos, de um direito natural procedimental e secular.

Hart considerava um erro chamar os oitos princípios identificados por Fuller de moralidade. Ele concordava que esses princípios seriam importantes para o funcionamento do direito enquanto um sistema de regras, e entendia que eles poderiam ser entendidos como princípios de eficiência, mas não poderiam ser chamados de moralidade porque sua existência não garantiria um sistema jurídico moralmente apto. Sistemas jurídicos grosseiramente injustos e cruéis poderiam preencher todos os requisitos da moralidade interna do direito. Segundo Hart, não devemos confundir princípios de eficiência com princípios de moralidade. O ato de envenenamento, assim como o direito, é uma atividade com um propósito. Basta refletir sobre ele para perceber que possui certos princípios internos, como "evitar venenos que façam a vítima vomitar", ou "evitar venenos cujo formato, tamanho ou cor fariam com que fossem facilmente identificáveis". Mas chamar os princípios de eficiência do ato de envenenamento de princípios morais e falar sobre uma moralidade interna do envenenamento seria simplesmente um erro.

Rex chegou ao trono imbuído do zelo de um reformador. Parecia-lhe que o maior fracasso de seus predecessores tivera lugar no campo do direito. Por gerações o sistema jurídico não conhecera nada semelhante a uma reforma básica. Os procedimentos de julgamento eram incômodos, as normas jurídicas falavam a linguagem arcaica de outra era, a justiça era dispendiosa, os juízes eram desleixados e por vezes corruptos. Rex estava decidido a corrigir tudo isso e a deixar seu nome na história como um grande legislador. Coube-lhe o infeliz destino de fracassar nessa missão. Na verdade, ele fracassou espetacularmente, pois não só não conseguiu introduzir as reformas necessárias, como nunca conseguiu criar uma só lei, boa ou má.

Seu primeiro ato oficial foi, contudo, sensacional e propício. Precisava de um quadro em branco sobre o qual escrever, e assim anunciou a seus súditos a revogação imediata de todas as leis existentes, de todo e qualquer tipo. Em seguida pôs-se a rascunhar um novo código. Lamentavelmente, por ter sido formado como um príncipe solitário, sua educação fora muito deficiente. Em particular, ele se viu incapaz de fazer mesmo as mais simples generalizações. Embora não lhe faltasse confiança quando se tratava de decidir controvérsias específicas, o esforço para dar razões claras e concatenadas para quaisquer conclusões fatigava suas capacidades a ponto de esgotá-las.

Dando-se conta de suas limitações, Rex desistiu do projeto de um código e anunciou a seus súditos que dali em diante atuaria como juiz em quaisquer disputas que pudessem surgir entre eles. Dessa maneira, sob o estímulo de uma variedade de casos, esperava que suas capacidades latentes de generalização pudessem se desenvolver e, procedendo caso a caso, ele iria aos poucos elaborar um sistema de normas que poderiam ser incorporadas num código. Infelizmente, os defeitos de sua educação eram mais arraigados do que supusera. O empreendimento fracassou por completo. Depois de haver promulgado literalmente centenas de decisões, nem ele nem os seus súditos eram capazes de detectar nelas qualquer padrão que fosse. As tentativas de generalização que podiam ser encontradas em suas opiniões só aumentavam a confusão, pois davam pistas falsas a seus súditos e desorientavam as parcas capacidades do próprio Rex de julgamento na decisão de casos posteriores.

Depois desse fiasco, Rex compreendeu que era necessário recomeçar do zero. Sua primeira medida foi submeter-se a uma série de aulas sobre generalizações. Com suas capacidades intelectuais assim fortalecidas, ele retomou o projeto de um código e, após muitas horas de trabalho solitário, conseguiu preparar um documento bastante extenso. Ainda não se sentia confiante, contudo, de que superara plenamente suas deficiências anteriores. Assim, anunciou a seus súditos que havia redigido um código, e que dali em diante seria guiado por ele ao decidir casos, mas que durante um período indefinido o conteúdo do código permaneceria um segredo oficial de Estado, conhecido apenas por ele e por seu escriba. Para a surpresa de Rex, esse sensato plano foi muito mal recebido por seus súditos. Eles declararam ser muito desagradável ter seus casos decididos por normas quando não havia nenhum meio de saber que normas eram essas.

Atordoado com essa rejeição, Rex dedicou-se a fazer um inventário sincero de seus pontos pessoais fortes e fracos. Concluiu que a vida lhe ensinara uma única lição, a saber, que é mais fácil decidir coisas com a ajuda do conhecimento ganho depois que elas ocorreram do que tentar prever e controlar o futuro. Quando se julgam eventos passados, não só se torna mais fácil decidir casos, como – e isso foi de suma importância para Rex – torna-se mais fácil dar razões. Decidindo tirar partido de sua descoberta, Rex atinou com o seguinte plano: no início de cada ano ele decidiria todas as controvérsias que tivessem surgido entre seus súditos no ano precedente. Faria suas decisões serem acompanhadas de uma exposição completa de razões. Naturalmente, as razões assim apresentadas não seriam consideradas padrões para decisões a serem tomadas em anos futuros, pois isso representaria a derrota de todo o objetivo do novo arranjo, que era tirar proveito da compreensão tardia. Cheio de confiança, Rex anunciou o novo plano a seus súditos, observando que publicaria o texto integral de seus julgamentos, com as normas por ele aplicadas, atendendo assim à principal objeção a seu antigo plano. Os súditos de Rex receberam esse anúncio em silêncio, depois explicaram calmamente, por meio de seus líderes, que quando diziam precisar conhecer as normas queriam dizer que precisavam conhecê-las *de antemão*, de modo a poder agir de acordo com elas. Rex murmurou alguma coisa no sentido de que eles poderiam ter deixado isso um pouco mais claro, mas respondeu que veria o que podia ser feito.

Nessa altura Rex compreendeu que não havia como escapar de um código publicado que declarasse as regras a serem aplicadas em disputas futuras.

Sem interromper suas aulas de generalização, Rex trabalhou diligentemente num código revisto, e por fim anunciou que ele seria publicado em breve. Esse anúncio foi recebido com satisfação geral. A consternação dos súditos de Rex foi ainda mais intensa, portanto, quando seu código foi disponibilizado e se descobriu que ele era verdadeiramente uma obra-prima da obscuridade. Especialistas jurídicos que o estudaram declararam não haver nele uma única frase que pudesse ser compreendida, fosse por um cidadão comum, fosse por um competente advogado. A indignação se espalhou e logo apareceram manifestantes diante da residência real carregando um cartaz com os dizeres: "Como pode alguém seguir uma regra que ninguém é capaz de entender?"

O código foi rapidamente revogado. Reconhecendo pela primeira vez que precisava de ajuda, Rex pôs uma equipe de especialistas para trabalhar numa revisão. Instruiu-os a deixar o conteúdo intacto, mas esclarecer a sua expressão do princípio ao fim. O código resultante era um modelo de clareza, mas quando foi estudado ficou patente que não havia nele um único dispositivo que não fosse anulado por outro incompatível com ele. Novamente manifestantes apareceram diante da residência real, carregando um cartaz com os dizeres: "Desta vez o rei se fez claro – em ambas as direções."

Mais uma vez o código foi recolhido para revisão. Agora, porém, Rex havia perdido a paciência com seus súditos e com a atitude negativa que eles pareciam adotar em relação a tudo que tentava fazer por eles. Decidiu dar-lhes uma lição e pôr fim às queixas. Instruiu seus especialistas a purgar o código de contradições, mas ao mesmo tempo endurecer drasticamente todas as exigências nele contidas e acrescentar uma longa lista de novos crimes. Assim, onde antes o cidadão convocado a se apresentar diante do trono tinha dez dias para fazê-lo, na revisão o tempo foi reduzido a dez segundos. Tornou-se crime, punível com dez anos de prisão, tossir, espirrar, soluçar, desmaiar ou cair na presença do rei. Tornou-se traição não compreender, não acreditar ou não professar corretamente a doutrina da redenção democrática evolucionária.

Quando o novo código foi publicado, quase se produziu uma revolução. Cidadãos eminentes declararam sua intenção de zombar de seus dispositivos. Alguém descobriu num autor antigo uma passagem que parecia pertinente: "Ordenar o que não pode ser feito não é fazer lei; é destruir a lei, pois uma ordem que não pode ser obedecida não serve a nenhum fim senão confusão, medo e caos." Em pouco tempo essa passagem estava sendo citada numa centena de petições ao rei.

O código foi novamente recolhido e uma equipe de especialistas foi encarregada da tarefa de revisão. A instrução de Rex foi que, sempre que encontrassem uma regra que exigia uma impossibilidade, ela deveria ser revista para tornar a observância possível. Revelou-se que para alcançar esse resultado foi preciso reescrever substancialmente todos os dispositivos do código. O resultado final, porém, foi um triunfo em matéria de projeto. Era claro, coerente e não exigia dos súditos nada que não estivesse facilmente ao seu alcance. Ele foi impresso e distribuído gratuitamente em todas as esquinas.

No entanto, antes que a data efetiva para a entrada em vigor do novo código tivesse chegado, descobriu-se que tanto tempo fora gasto em sucessivas revisões da minuta original de Rex que a substância do documento fora gravemente superada pelos acontecimentos. Desde que Rex subira ao trono, houvera uma suspensão dos procedimentos jurídicos comuns e isso ocasionou importantes mudanças econômicas e institucionais no país. O ajuste a essas condições alteradas exigia muitas modificações substanciais na lei. Assim sendo, tão logo se tornou juridicamente efetivo, o novo código foi submetido a uma sucessão diária de emendas. Mais uma vez, o descontentamento popular elevou-se; apareceu nas ruas um panfleto anônimo que estampava caricaturas indecentes do rei e um editorial com o título: "Uma lei que muda todo dia é pior do que nenhuma lei."

Em pouco tempo essa fonte de insatisfação começou a se esgotar, à medida que o ritmo das emendas reduziu-se gradualmente. Antes que isso tivesse ocorrido num grau perceptível, porém, Rex anunciou uma importante decisão. Refletindo a respeito das desventuras de seu reinado, ele concluiu que grande parte do problema residia nos maus conselhos que recebera de especialistas. Em consequência, declarou que estava assumindo pessoalmente o poder judiciário. Dessa maneira poderia controlar diretamente a aplicação do novo código e proteger seu país contra outra crise. Começou a passar praticamente todo o seu tempo em audiências, ouvindo e decidindo casos que surgiam sob o novo código.

À medida que o rei levava adiante sua tarefa, isso pareceu conduzir a um tardio florescimento das suas capacidades de generalização por tanto tempo adormecidas. Suas opiniões começaram, de fato, a revelar uma virtuosidade quase exuberante à medida que ele distinguia habilmente suas próprias decisões anteriores, expunha os princípios sobre os quais atuara e estabelecia pautas para a solução de futuras controvérsias. Para os súditos de Rex, parecia prestes a raiar um novo dia em que poderiam finalmente adequar sua conduta a um corpo coerente de regras.

Essa esperança, contudo, logo se estilhaçou. À medida que volumes encadernados dos julgamentos de Rex tornaram-se disponíveis e foram submetidos a estudo mais atento, seus súditos ficaram estarrecidos ao descobrir que não existia nenhuma relação discernível entre aqueles julgamentos e o código que eles supostamente aplicavam. A julgar pelo grau em que encontrava expressão na solução real de controvérsias, daria na mesma se o novo código absolutamente não existisse. Entretanto, em quase todas as suas decisões, Rex declarava e reiterava que o código era a lei básica de seu reino.

Cidadãos eminentes começaram a promover reuniões privadas para discutir quais medidas, com exceção da revolta declarada, poderiam ser tomadas para tirar o rei do tribunal e despachá-lo de volta para o trono. Enquanto essas discussões prosseguiam, Rex morreu de repente, envelhecido antes do tempo e profundamente desiludido com seus súditos.

O primeiro ato de seu sucessor, Rex II, foi anunciar que estava retirando os poderes de governo dos advogados e depositando-os nas mãos de psiquiatras e especialistas em relações públicas. Dessa maneira, explicou, as pessoas poderiam ser felizes sem regras.

As consequências do fracasso

A calamitosa carreira de Rex como legislador e juiz ilustra que a tentativa de criar e manter um sistema de regras jurídicas pode fracassar de pelo menos oito maneiras; ou, se preferir: existem nesse empreendimento oito rotas distintas para o desastre. A primeira e mais óbvia reside em (1) não criar quaisquer regras, de modo que cada questão deva ser decidida de modo *ad hoc*. As outras rotas são: (2) não tornar público, ou pelo menos não tornar disponível para a parte afetada, as regras que se espera que ela observe; (3) abusar de legislação retroativa, que não apenas é incapaz de orientar a ação, mas solapa a integridade das regras prospectivas em vigor, pois as coloca sob a ameaça de alteração retrospectiva; (4) não fazer as regras compreensíveis; (5) decretar regras contraditórias ou (6) regras que exigem conduta além do alcance da parte afetada; (7) introduzir mudanças tão frequentes nas regras que o sujeito não pode orientar sua ação por meio delas; e, finalmente, (8) não garantir congruência entre as regras tais como anunciadas e a sua real aplicação.

QUESTÕES E TEMAS PARA DISCUSSÃO

1. Quais são as oito maneiras de fracassar na construção do direito, de acordo com o texto?
2. Filósofos fazem uma distinção entre critérios necessários (que precisam estar presentes) e critérios suficientes (que bastam) na explicação de algo. Indique quais corretivos para os fracassos na construção do direito você

considera como critérios necessários, e quais suficientes, para a existência do direito? Algum dos corretivos apontados por Fuller, algum conjunto deles ou sua totalidade, é ao mesmo tempo necessário e suficiente para explicar a existência do direito? Você retiraria ou incluiria algum corretivo da/na lista sugerida por Fuller? Justifique.

3. Fuller entende que os oito corretivos formam aquilo que ele chama de moralidade interna do direito – uma moralidade procedimental ou formal, já que não determina o conteúdo específico que o direito tem que apresentar. Todavia, ele parecia acreditar que a moralidade interna seria capaz de garantir ou pelo menos conduzir a produção da moralidade substancial. Você concorda com Fuller?

4. Como Hart critica a ideia de moral interna de Fuller? Com qual posição você concorda: a de Hart ou a de Fuller? Justifique.

5. Explique as divergências entre Hart e Fuller acerca do funcionamento da linguagem jurídica. Com qual dessas duas posições você concorda? Justifique.

LEITURAS SUGERIDAS

Alday, Rafael Escudero. *Positivismo y moral interna del derecho*. Madri, Centro de Estudios Constitucionales, 2000.

Alvarez, Alejandro Bugallo. "A conexão existencial entre o direito e a moral em Lon Fuller", *in* S.S. Salles, W.M. Rosa e C.F.G.C. da Silveira (orgs.), *Ensaios sobre justiça, processo e direitos humanos II*. Rio de Janeiro, UCP, 2009.

Dimoulis, Dimitri. *O caso dos denunciantes invejosos*. Curitiba, Revista dos Tribunais, 9ª ed. 2014.

Fuller, Lon. *O caso dos exploradores de caverna*. São Paulo, Edipro, 2014.

Martins, Angela Vidal da Silva. *A moralidade do direito como condição de liberdade em Lon Fuller*. São Paulo, LexMagister, 2013.

CROWE

Nascido em 1979, Jonathan Crowe iniciou seus estudos universitários na University of Queensland, na Austrália, com a intenção de se tornar um advogado, mas quando começou a estudar filosofia achou a temática muito mais instigante. Isso acabou levando-o a explorar as conexões entre as duas áreas. Segundo ele, o direito ajuda a manter a filosofia com os pés no chão, calcada em problemas da realidade social. Por outro lado, a filosofia ajuda a manter o olhar do direito calcado em valores humanos fundamentais. Com doutorado em ambas as disciplinas, Crowe leciona na T.C. Beirne School of Law e em 2014 assumiu a presidência da Sociedade Australiana de Filosofia do Direito.

Faz parte da atividade rotineira de teóricos analíticos no campo jurídico tentar capturar determinadas concepções filosóficas acerca do direito a partir de certas teses fundamentais. Afinal, quais são as teses compartilhadas por todos os positivistas jurídicos? E pelos adeptos do direito natural? Em relação aos primeiros, as discussões costumam girar em torno de três teses: a tese dos fatos sociais, segundo a qual a existência do direito depende de uma construção humana (certas atitudes, convenções, comportamentos...); a tese da separabilidade entre direito e moral, segundo a qual a validade do direito não depende necessariamente de seu mérito moral, o que implica que direito injusto ainda é direito; e a tese da discricionariedade, segundo a qual o material jurídico invariavelmente se esgota (em função de lacunas normativas, contradições normativas ou indeterminações linguísticas) e certos casos ficam sem respostas à luz do direito, fazendo com que o responsável pela decisão tenha que exercer o seu poder discricionário. Teóricos analíticos discutem se as três teses são necessariamente adotadas por todo e qualquer positivista; se são independentes ou se guardam alguma relação necessária entre si; qual delas seria a mais básica ou fundamental – entre outras questões.

Mas e quanto às teses próprias do direito natural? De acordo com o filósofo do direito argentino Carlos Santiago Nino, uma dissecação das várias versões do direito natural nos levaria a perceber que todos os chamados jusnaturalistas estão agrupados sob o mesmo rótulo por defenderem as duas seguintes teses de maneira concomitante:

1) Uma tese de filosofia moral que sustenta que existem princípios morais e de justiça que são universalmente válidos e acessíveis à razão humana;[1]

2) Uma tese sobre a definição do conceito de direito, segundo a qual um sistema normativo ou uma norma não podem ser qualificados de jurídicos se contradizem ou não passam pelo crivo de tais princípios.

A partir das duas teses expostas acima, poderia-se extrair uma terceira, concernente à questão da obediência moral ao direito por parte dos oficiais e cidadãos comuns. Afinal, se os princípios morais e de justiça universalmente válidos existem e podem ser conhecidos, e se o direito deve necessariamente se identificar com esses princípios morais (versão forte da tese jusnaturalista), ou pelo menos não os contradizer (versão fraca da tese jusnaturalista), então seria insensato para os jusnaturalistas que os oficiais e cidadãos não tivessem a obrigação moral de obedecer ao direito. Para os jusnaturalistas, a expressão "direito justo" é um pleonasmo e a expressão "direito injusto", uma contradição. A obrigação de obedecer ao direito decorre do próprio conteúdo moral das normas jurídicas (ou pelo menos da não ocorrência de conteúdo imoral, na versão fraca). Portanto, a terceira tese compartilhada pelos jusnaturalistas pode ser colocada da seguinte forma:

3) Tanto os oficiais quanto os cidadãos comuns têm a obrigação moral de obedecer ao direito.

Muito embora as três teses supramencionadas caracterizem o substrato comum a todas as vertentes do jusnaturalismo, de acordo com Nino, legitimando o emprego desse rótulo para classificar uma pletora de pensadores, ainda assim existem diferenças significativas que justificam que se fale numa miríade de versões do direito natural. Os jusnaturalistas divergem radicalmente acerca da origem dos princípios morais e de justiça universalmente válidos: o direito natural é extraído da vontade divina? É fruto da razão humana, ou algo comum a todos os seres animados à guisa de um instinto? Ou seja, há um desacordo substancial acerca da suposta "natureza" da qual emanam os princípios do direito natural. Além disso, mesmo quando concordam a respeito da natureza, muitas vezes divergem sobre o conteúdo que dela emana. Dadas essas diferenças relevantes, pode-se falar em um direito natural teológico, um direito natural racional e um direito natural em sentido estrito.

O direito natural foi e continua sendo foco de diversas críticas,[2] porém uma das acusações mais contundentes ao jusnaturalismo foi elaborada pelo jusfilósofo escandinavo Alf Ross, em seu livro *Direito e justiça*:

---

1. Essa tese pode ser desdobrada em uma tese de caráter ontológico, acerca da existência dos princípios morais universalmente válidos, e uma tese de caráter lógico ou epistemológico, sobre a possibilidade de conhecimento desses princípios.

2. Para um corpo sistemático de críticas ao direito natural, ver Alf Ross, *Direito e justiça* (2000). Ross critica o jusnaturalismo a partir de várias frentes: epistemológica, psicológica, política e jurídica.

Como uma prostituta, o direito natural está à disposição de todos. Não há ideologia que não possa ser defendida recorrendo-se à lei natural. E, na verdade, como poderia ser diferente considerando-se que o fundamento principal de todo direito natural se encontra numa apreensão particular direta, uma contemplação evidente, uma intuição? Por que minha intuição não será tão boa quanto a dos outros? A evidência como critério de verdade explica o caráter totalmente arbitrário das asserções metafísicas. Coloca-as acima de toda força de controle intersubjetivo e deixa a porta aberta para a imaginação ilimitada e o dogmatismo. ... Um forte argumento em favor do ponto de vista de que as doutrinas jusnaturalistas são construções arbitrárias e subjetivas é que a evidência não pode ser um critério de verdade. O que queremos dizer ao chamar uma proposição de verdadeira é, obviamente, diferente do fato psicológico de que a asserção da proposição seja acompanhada por um sentimento de certeza ... . É certo que um sentimento de evidência acompanha muitas asserções verdadeiras, mas não há razão alguma para que o mesmo sentimento não esteja também associado a erros e falácias. A sólida crença na verdade de uma proposição necessita estar sempre justificada e jamais pode ser sua própria justificação. (p.305)

ELUCIDAÇÃO DA TESE DO DIREITO NATURAL
Quatro ambiguidades da tese do direito natural

Uma crítica que pode ser feita às teses colocadas por Nino é a de que filósofos contemporâneos que seriam adeptos do jusnaturalismo não se identificam com as teses descritas acima e não apresentam o debate naqueles termos. Aqui entra a contribuição mais sofisticada de Jonathan Crowe, capaz de captar posições jusnaturalistas tradicionais e, principalmente, as contemporâneas. Em seu artigo "Elucidação da tese do direito natural" (2012), Crowe diz que os debates atuais acerca do direito natural giram em torno de uma única tese: o direito é necessariamente um padrão racional de conduta. Em outras palavras, uma norma, ou um sistema de normas, que não é capaz de estabelecer um padrão racional de conduta é necessariamente inválida(o) ou defeituosa(o) enquanto direito. Todavia, essa tese é ambígua em quatro sentidos diferentes, e destrinchar essas ambiguidades é necessário para oferecer uma análise sistemática do direito natural, capaz de explicar as suas múltiplas versões. Entrando nos pormenores dessas ambiguidades é possível entender o cerne das desavenças entre adeptos contemporâneos do direito natural como Lon Fuller, John Finnis, Robert Alexy, Mark Murphy e Michael Moore, entre outros.

A primeira ambiguidade diz respeito à própria noção de direito que está em jogo quando se fala em direito natural. Será que ao dizerem que o direito natural é necessariamente um padrão racional de conduta os jusnaturalistas estão apresentando uma tese metafísica, conceitual ou linguística? A tese diz respeito ao direito enquanto um fenômeno, ao conceito de direito ou ao termo direito? Segundo Crowe, jusfilósofos raramente estão interessados em meros exercícios de lexicografia, portanto ele exclui a tese linguística. Sendo assim, adeptos do direito natural defendem uma tese ou conceitual ou metafísica. Aqueles que defendem a tese metafísica costumam tratar o direito como um "tipo natural", algo cuja existência se dá de forma parecida com a existência de rochas ou montanhas, que não dependem de convenções humanas para existir. Tipos naturais são categorias ontológicas que podem ser descritas por certas propriedades essenciais que independem do que pensamos ou deixamos de pensar sobre elas. Por outro lado, aqueles que defendem a tese conceitual costumam privilegiar algum ponto de vista sobre como conceber o direito, podendo, por exemplo, ser o conceito mais amplo, adotado por uma comunidade de pessoas, ou um conceito mais restrito, abraçado por certos oficiais do sistema. Crowe diz que Michael Moore, por exemplo, é um defensor da tese metafísica, enquanto John Finnis defende a tese conceitual. Todavia, cabe apontar que as relações entre o conceitual e o metafísico são complexas, e, de acordo com certos autores, como Robert Alexy, conceitos são construtos convencionais que pretendem descrever a natureza do mundo.

A segunda ambiguidade gira em torno do conceito de padrão racional de conduta. Quando é que uma norma apresenta um defeito de racionalidade? Crowe aponta para duas versões diferentes. Alguns jusnaturalistas defendem uma posição forte, segundo a qual uma norma apresenta um defeito de racionalidade sempre que requer que uma pessoa realize uma ação que não está racionalmente obrigada a realizar. Isso significa que a norma é sempre irracional quando não é capaz de oferecer razões decisivas para ação ou não está amparada por elas. Embora Crowe não entre em detalhes sobre isso nem ofereça exemplos no artigo, podemos tentar suprir essa lacuna esclarecendo o conceito de razões decisivas. Enquanto razões *pro tanto* contam como considerações a favor de algo, razões decisivas são determinantes. O prazer que eu tenho ao comer um doce é uma consideração a favor (uma razão *pro tanto*) de comê-lo, porém o conjunto formado pelas considerações de que não quero engordar e de que quero preservar a minha saúde oferece uma razão decisiva para eu não comer o doce. No campo jurídico, podemos imaginar que uma norma que estabelece o serviço militar obrigatório aos 18 anos está amparada por razões *pro tanto*, mas se existem razões decisivas para servir aos 19 e não aos 18 anos, então o jusnaturalista defensor da posição forte diria que estaríamos diante de um defeito de racionalidade no direito. Essa versão forte contrasta como uma versão fraca, que estabelece que uma norma é racionalmente defeituosa se requer que uma pessoa realize uma ação que moralmente estaria obrigada a não realizar. Para o defensor da versão fraca, uma norma amparada por razões *pro tanto* (como a norma que estabelece o serviço militar obrigatório aos 18 anos) não seria irracional. Apenas uma norma que exigisse uma conduta imoral apresentaria um defeito de racionalidade.

A terceira ambiguidade está relacionada ao tipo de mácula capaz de impregnar uma norma em função de seu defeito de racionalidade. Uma norma que é incapaz de funcionar como um padrão racional de conduta deve ser considerada juridicamente inválida ou defeituosa? Mais uma vez, temos uma posição forte e uma fraca. De acordo com a primeira, defendida por autores como Michael Moore, o defeito de racionalidade faz com que a norma seja inválida, ou seja, que ela sequer possa ser considerada existente do ponto de vista jurídico. Por outro lado, a posição fraca, sustentada por autores como John Finnis e Mark Murphy, diz que uma norma que apresenta um defeito de racionalidade é defeituosa enquanto direito.

A quarta ambiguidade diz respeito ao raio de impacto do defeito de racionalidade existente em uma norma. Ele afeta somente a norma defeituosa, fazendo com que ela seja inválida (para os adeptos da posição forte) ou defeituosa (para os adeptos da versão fraca), ou ocorre alguma espécie de efeito irradiador que faz com que o defeito de racionalidade impregne o sistema? E, neste caso, basta uma norma racionalmente problemática para que o sistema também o seja, ou seria necessário que algumas, muitas ou até mesmo todas as normas fossem racionalmente problemáticas para que o sistema jurídico como um todo fosse acometido do mesmo problema? Aqui também temos uma série de possibilidades e os jusnaturalistas divergem sobre o assunto.

Essas diferentes leituras possíveis da tese jusnaturalista básica e a multiplicidade de maneiras a partir das quais elas podem ser combinadas acabam por engendrar uma pluralidade de versões do direito natural. Apenas para ilustrar, vejamos a análise feita por Crowe de três destacados autores jusnaturalistas contemporâneos: Michael Moore, John Finnis e Lon Fuller (nos próximos capítulos veremos mais dois exemplos: Mark C. Murphy e Robert Alexy).

Michael Moore defende uma posição metafísica: o direito é um tipo natural e independe de convenções e acordos dos membros da comunidade. Ele é um adepto da versão forte sobre os defeitos de racionalidade e sobre a natureza da mácula ocasionada pela existência desse defeito, já que parece entender que uma norma que não oferece razões decisivas para ação é inválida. Além disso, entende que a existência de uma certa quantidade dessas normas racionalmente defeituosas pode fazer com que todo o sistema jurídico deixe de ser válido.

John Finnis, por sua vez, defende uma tese conceitual: ao invés de buscar condições necessárias e suficientes que definam o fenômeno jurídico, devemos apenas focar nos casos centrais e paradigmáticos do direito, que são ilustrados pelo conceito de direito compartilhado por aqueles indivíduos que obedecem ao direito por considerá-lo um padrão racional de ação. Da mesma forma que Moore, Finnis entende que uma norma que não oferece razões decisivas para ação é dotada de um defeito de racionalidade. Entretanto, diferentemente de Moore, para ele o defeito de racionalidade faz com que a norma seja apenas defeituosa, e não inválida: ela ainda faz parte do conceito de norma jurídica, mas não é a sua acepção central e paradigmática. Por fim, para Finnis um sistema normativo com uma norma defeituosa já pode ser considerado defeituoso, mas um sistema com várias normas defeituosas seria ainda mais defeituoso (trata-se de um atributo que se apresenta em graus), já que se afastaria ainda mais do conceito paradigmático de direito.

De acordo com Crowe, embora Lon Fuller não tenha uma posição filosófica explicitamente articulada, parece que a sua tese é metafísica, já que diz que sua pretensão não é oferecer um modelo conceitual como o de Hart, mas sim descrever a realidade social. Ele examina a estrutura do direito enquanto uma instituição social e defende que a função que garante a essência do direito é a sua capacidade de governar condutas humanas por meio de regras. Fuller sustenta que uma norma é racionalmente defeituosa quando seu defeito procedimental afeta a sua capacidade de ser seguida. Quando uma norma fracassa completamente em uma de suas dimensões procedimentais então ela se torna juridicamente inválida; quando esse fracasso não é absoluto e a norma ainda retém alguma capacidade de guiar condutas, então ela é apenas juridicamente defeituosa. Por fim, segundo a interpretação que Crowe faz de Fuller, não basta uma única norma fracassar procedimentalmente para que o sistema como um todo se torne inválido juridicamente: só um fracasso "total" ou "drástico" em relação às exigências procedimentais é que faria com que o sistema deixasse de existir enquanto direito.

> **As principais teses da teoria do direito natural foram expressadas de muitas maneiras diferentes. Uma forma eficaz de compreender a tradição, contudo, é por meio da referência ao que Mark Murphy chamou "tese do direito natural": o direito é necessariamente um padrão racional de conduta.[3]**

---

3. Mark C. Murphy, "Natural law jurisprudence", 9 *Legal Theory*, 2003, p.241, 244; e "Natural law theory", *in* Martin P. Golding e William A. Edmundson (orgs.), *The Blackwell Guide to Philosophy of Law and Legal Theory*, Blackwell, 2005, p.15. Comparar com Mark C. Murphy, *Natural Law in Jurisprudence and Politics*, Cambridge UP, 2006, cap.1. Para uma visão geral dos temas essenciais dos estudos contemporâneos sobre

A tese do direito natural sustenta que uma norma ou sistema de normas que não serve como um padrão racional de conduta é necessariamente inválida(o) ou defeituosa(o) enquanto direito. Os proponentes da teoria do direito natural tipicamente afirmam a tese do direito natural, ao passo que os positivistas jurídicos tipicamente a negam.

A tese do direito natural, portanto, fornece uma maneira útil de sintetizar o que está em jogo entre os teóricos do direito natural e os positivistas jurídicos. No entanto, algo que passa despercebido em muitas discussões acerca do direito natural é que a tese apresenta-se em uma série de versões distintas. Há pouco tempo, autores como Murphy e Robert Alexy realizaram alguns trabalhos importantes na identificação de diferentes versões da tese do direito natural, mas essas discussões tenderam a se concentrar em certas ambiguidades, negligenciando outras.[4] São necessários trabalhos adicionais na elucidação sistemática da tese do direito natural e na distinção das diferentes versões que aparecem na literatura filosófica.

...

1. Elucidação da tese

Segundo a tese do direito natural, uma norma ou sistema de normas que não é um padrão racional de conduta é necessariamente inválida(o) ou defeituosa(o) enquanto direito. A tese pode portanto ser apresentada da seguinte maneira:

DN: Um defeito racional (R) em uma norma ou sistema de normas (N) a(o) torna necessariamente inválida(o) ou defeituosa(o) enquanto direito (D).

Veremos abaixo que autores do direito natural afirmam diferentes versões dessa tese. Por exemplo, alguns sustentam que um defeito racional em uma norma ou sistema de normas a(o) torna legalmente inválida(o), ao passo que outros asseveram que um defeito racional em uma norma ou sistema de normas a(o) torna legalmente defeituosa(o). No entanto, todos os teóricos do direito natural concordam que, em algum sentido, servir como um guia racional para a ação é uma propriedade necessária do direito. Essa é a principal afirmação que une concepções do direito natural e as diferencia do positivismo jurídico.

A asserção acima é ambígua de pelo menos quatro maneiras diferentes. A primeira diz respeito ao fato de que a tese pode ser compreendida como uma afirmação sobre o *conceito* de direito, a *natureza* do direito, ou sobre o

---

direito natural em ética, política e jurisprudência, ver Jonathan Crowe, "Natural law beyond Finnis", 2 *Jurisprudence*, 2011, p.293.

4. Ver por exemplo Murphy, "Natural law jurisprudence", op.cit., n.1; e *Natural Law in Jurisprudence and Politics*, op.cit., n.1, cap.1; Robert Alexy, *The Argument from Injustice* (2010); "On the concept and nature of law", 21 *Ratio Juris*, 2008, p.281; "The dual nature of law", 23 *Ratio Juris*, 2010, p.167; e "An answer to Joseph Raz", *in* George Pavlakos (org.), *Law, Rights and Discourse: The Legal Philosophy of Robert Alexy*, Hart, 2007, p.37.

significado linguístico do termo "direito". A segunda concerne ao que conta como *defeito racional*; a terceira, ao que significa para uma norma ser *inválida ou defeituosa enquanto direito*; e a quarta prende-se ao fato de que a tese pode dizer respeito a *normas individuais* ou a *sistemas normativos*. As seções seguintes examinam cada uma dessas questões sucessivamente.[5]

QUESTÕES E TEMAS PARA DISCUSSÃO

1. Como Carlos Santiago Nino caracteriza a posição jusnaturalista? Explique as três teses do direito natural de acordo com ele.
2. Como Alf Ross critica o tipo de jusnaturalismo descrito por Nino?
3. Segundo Crowe, qual é a tese básica compartilhada por todos os adeptos do jusnaturalismo?
4. Quais são os quatro tipos de ambiguidade que podem afetar essa tese? Explique cada uma delas.
5. Diferencie o jusnaturalismo de Moore, Finnis e Fuller quanto às ambiguidades mencionadas.

LEITURAS SUGERIDAS

Barreto, Vicente de (org.). *Dicionário de filosofia do direito*. São Leopoldo/Rio de Janeiro, Unisinos/Renovar, 2006.

Farrel, Martin. "Discusión entre el derecho natural y el positionismo jurídico", *Doxa: Cuadernos de Filosofía del Derecho* 22, 1998, p.121-8.

Finnis, John. *Lei natural e direitos naturais*. São Leopoldo, Unisinos, 2007.

Nino, Carlos Santiago. *Introdução à análise do direito*. São Paulo, WMF Martins Fontes, 2010.

Ross, Alf. *Direito e justiça*. Bauru, Edipro, 2ª ed. 2007.

Sgarbi, Adrian. *Clássicos de teoria do direito*. Rio de Janeiro, Lumen Juris, 2009.

---

5. Uma versão anterior deste artigo foi apresentada na conferência "The Nature of Law: Contemporary Perspectives", na Universidade McMaster, em maio de 2011. Sou grato a Chris Essert, Matthew Kramer e Mark Murphy pelo valioso feedback nessa ocasião. Gostaria também de agradecer a Michael Stokes e aos árbitros anônimos pelos úteis comentários e sugestões.

MURPHY

Em entrevista para o periódico *Pandora's Box*, em 2011, Mark C. Murphy relata que seu interesse pela filosofia do direito surgiu por acaso. Sua primeira aula de filosofia foi justamente uma aula de filosofia do direito, e ele logo percebeu como era importante e prazerosa a investigação filosófica de questões jurídicas. Afinal, o direito está envolvido em diversas questões centrais da filosofia: a natureza das instituições sociais, da justiça, da política etc. Segundo Murphy, o estudo filosófico do direito é importante para que possamos nos compreender melhor, independentemente das implicações práticas desse estudo:

> Uma razão para pensar sobre o direito e sua importância decorre do fato de o mesmo ser uma instituição tão central para a nossa vida enquanto seres humanos. Seres humanos querem entender a si mesmos. Que tipo de seres nós somos? Bom, nós somos seres que formam sociedades políticas, somos seres que vivem sob o direito... Algumas pessoas pensam que a teoria do direito precisa ter consequências práticas imediatas em termos de como seus cidadãos devem se comportar ou seus juízes devem se portar. Não tenho certeza se isso é verdade ou não. Eu penso que se trata de uma questão em aberto... mas insisto na importância da filosofia do direito, ainda que não possua benefícios práticos imediatos... nem tudo o que nos interessa tem aplicação prática imediata. Às vezes, estudamos uma obra de literatura para nos compreendermos melhor, mesmo que isso não seja capaz de mudar imediatamente o curso de nossas vidas.

Nascido em 1968, Murphy obteve seu doutorado na Universidade de Notre Dame em 1993 sob a orientação do conhecido especialista em ética Alasdair MacIntyre e é professor na Universidade de Georgetown desde 1995, onde atua no departamento de filosofia e ocupa a cátedra de estudos religiosos. Murphy tem dedicado boa parte do seu tempo ao estudo da natureza do direito. Ele é um dos principais representantes do jusnaturalismo na discussão contemporânea em filosofia do direito. Seu interesse pelo direito natural abrange tanto as suas raízes históricas, como a discussão contemporânea. Murphy vem desenvolvendo suas teorias principalmente em obras como *Natural Law and Practical Rationality* (Cambridge, 2001), *Philosophy of Law: The Fundamentals* (2006, coautoria com A.P. Martinich) e *Natural Law in Jurisprudence and Politics* (Cambridge, 2006), do qual vem a passagem de Murphy que integra este volume.

DIREITO NATURAL NA JURISPRUDÊNCIA[1] E NA POLÍTICA
A afirmação central da jurisprudência jusnaturalista

O texto de Murphy começa com uma distinção importante entre três sentidos diferentes de direito natural: direito natural da teoria do direito; direito natural da filosofia política; e direito natural da racionalidade prática. Resumidamente, o primeiro afirma uma conexão interna entre o direito e razões para agir; o segundo diz que essas razões adquirem sua força da busca pelo bem comum da comunidade política; e o terceiro desenvolve uma teoria sobre os bens básicos a serem perseguidos e os princípios por meio dos quais eles devem ser alcançados. Murphy afirma que existe uma independência entre os dois primeiros tipos de jusnaturalismo e o terceiro. E tudo isso revela como as discussões sobre direito natural são complexas e como é importante sempre deixar claro em que sentido empregamos a expressão "jusnaturalismo", para evitar confusões conceituais. Nos concentraremos aqui no "jusnaturalismo da jurisprudência", ou seja, no jusnaturalismo da teoria do direito.

Jonathan Crowe circunscreve a posição jusnaturalista acerca do direito a uma única tese: aquela que estabelece um vínculo necessário entre o direito e razões e diz que o direito é necessariamente um padrão racional de conduta. Essa tese é ambígua em quatro sentidos diferentes (ver p.116-23), e entender como Murphy se posiciona quanto a isso nos permite compreender seus compromissos mais básicos no campo do jusnaturalismo da jurisprudência. Vejamos as ambiguidades e os respectivos posicionamentos de Murphy:

---

1. No sentido de teoria do direito. (N.T.)

1. A primeira ambiguidade diz respeito à natureza da tese jusnaturalista. É ela uma tese sobre a palavra "direito", uma tese conceitual, ou uma tese metafísica? Murphy pretende capturar os aspectos essenciais do direito e sua apresentação da tese é primordialmente metafísica: "Me parece que o que estamos fazendo é mais uma investigação sobre a natureza das coisas do que a investigação de um conceito." Para ele, o direito é um "tipo funcional", ou seja, só podemos entender o tipo de coisa que é direito se atentamos para o seu ponto, ou função, que consiste justamente em fornecer razões para guiar agentes racionais como nós.

2. A segunda ambiguidade gira em torno do conceito de padrão racional de conduta. Jusnaturalistas divergem sobre quando uma norma apresenta um defeito de racionalidade. Murphy está entre aqueles que defendem uma posição forte, segundo a qual toda norma que requer que uma pessoa realize uma ação que não está racionalmente obrigada a realizar é racionalmente defeituosa. Isso significa que, para Murphy, as normas só não são defeituosas quando oferecem razões decisivas para a ação.

3. A terceira ambiguidade está relacionada ao tipo de mácula capaz de impregnar uma norma em função de seu defeito de racionalidade. Trata-se de uma norma defeituosa ou inválida do ponto de vista jurídico? Murphy defende a posição conhecida como tese fraca do jusnaturalismo, segundo a qual uma norma que não oferece razões decisivas para a ação é juridicamente defeituosa, mas não juridicamente inválida ou inexistente enquanto direito. A maneira pela qual ele desenvolve sua argumentação em favor da tese fraca é uma das suas principais contribuições no campo das discussões sobre o jusnaturalismo da jurisprudência.

4. A quarta ambiguidade diz respeito ao raio de impacto do defeito de racionalidade existente em uma norma, ou seja, como o defeito de racionalidade de uma norma é capaz de afetar o sistema normativo como um todo. Tendo em vista que o caráter defeituoso é algo que se manifesta em graus (diferentemente da noção de validade, que opera de uma forma tudo ou nada), então Murphy sustenta que o sistema é tão mais defeituoso racional e juridicamente quanto maior for a presença de normas racionalmente defeituosas.

A partir dessas considerações, é possível começar a cotejar a versão de direito natural apresentada por Murphy com outras, como as de Michael Moore, John Finnis, Lon Fuller (ver p.106-15) e Robert Alexy (ver p.134-49).

6 6 A afirmação central da jurisprudência jusnaturalista é a de que há uma conexão interna positiva entre o direito e razões decisivas para a ação: o direito é amparado por razões decisivas para a ação. (Para haver uma razão decisiva para φ é preciso que a execução de φ seja razoável e a não execução de φ, irrazoável; portanto, para que uma lei seja amparada por razões decisivas deve haver razões decisivas para se executar qualquer ato requerido por ela.) A afirmação central da filosofia política jusnaturalista é a de que o direito tem essa força fornecedora de razão por meio do bem comum da comunidade política. A jurisprudência jusnaturalista defende que, fundamentalmente, é da essência do direito compelir racionalmente; a filosofia política jusnaturalista afirma que, mais fundamentalmente, o que faz o direito obrigar é o seu papel que concerne ao bem comum da comunidade política. Por que deveríamos acreditar que essas teses centrais da jurisprudência e da filosofia política jusnaturalistas são nada mais do que uma estipulação? Tal como a expressão "teoria do direito natural" é usada atualmente, são Tomás de Aquino é o teórico paradigmático do direito natural. Se alguém quisesse evidências do status de são Tomás como o paradigma, poderia consultar qualquer antologia de filosofia moral, política ou jurídica que inclua uma seção sobre teoria do direito natural: qualquer uma dessas antologias contém uma seleção de trechos de são Tomás de Aquino ou a seu respeito. Seu pensamento sobre a moral, política e matérias jurídicas é a referência para a classificação como tais de teorias jusnaturalistas posteriores (por exemplo, as de Hobbes e Locke), e seu pensamento sobre esses temas é o parâmetro para escritores anteriores (por exemplo, Aristóteles e os estoicos) serem considerados protofilósofos do direito natural. Temos razão, portanto, para considerar são Tomás de Aquino como o teórico paradigmático do direito natural; por conseguinte, temos razão para sustentar que as teses centrais da jurisprudência e política jusnaturalistas de são Tomás – isto é, aquelas teses que estruturam e organizam o seu pensamento em relação a esses tópicos – são as teses centrais do jusnaturalismo na jurisprudência e na política. Quais são essas teses? ...

O primeiro movimento argumentativo na seção da *Suma teológica* de são Tomás de Aquino, posteriormente rotulada por comentadores como "Tratado da lei", é a asserção de que o direito é "algo que diz respeito à razão": como uma lei é algo que governa e avalia a conduta, e a conduta de seres racionais é governada e avaliada unicamente por ditames aos quais há razão para se conformar, o direito deve ser algo a que agentes tenham razão para se conformar. ... Assim, as teses fundamentais da jurisprudência e filosofia política jusnaturalistas que são Tomás defende são: aquela referente à conexão interna entre o direito e razões para a ação e aquela referente ao papel central do bem comum na provisão ao direito de seu poder de fornecer razões. E como são Tomás é geralmente reconhecido como o teórico paradigmático do direito natural, não é de modo algum arbitrário formular aqui a concepção do direito natural também em termos dessas teses. ...

A "teoria do direito natural" não denomina somente teorias de filosofia política e jurisprudência; é também um nome para uma teoria moral, ou melhor, uma teoria sobre a racionalidade prática. Segundo a explicação jusnaturalista da racionalidade prática, as razões fundamentais para a ação são alguns bens básicos, cujo status como bem está fundado na natureza humana, e, ademais, há princípios corretos de razoabilidade prática que governam o modo como devemos perseguir esses bens – princípios estes que têm sua justificação a partir das características exibidas pelos bens básicos. ...

Expressas de maneira abstrata, as teses centrais da filosofia política e da jurisprudência jusnaturalista são independentes das teses centrais da explicação jusnaturalista da racionalidade prática. Pois embora as teses centrais da filosofia política e jurisprudência jusnaturalistas façam afirmações sobre as conexões entre o direito e razões, e direito e o bem comum, elas não fazem afirmação alguma a respeito do caráter específico dessas razões ou do bem comum; mas é tarefa da explicação jusnaturalista da racionalidade prática fazer afirmações específicas sobre a natureza do bem e das razões para a ação. Portanto, poderíamos defender uma jurisprudência jusnaturalista ou uma filosofia política jusnaturalista enquanto rejeitamos uma explicação jusnaturalista da racionalidade prática. ...

Assim, mesmo que pensemos, como penso, que a teoria jusnaturalista da racionalidade prática é a melhor teoria da racionalidade prática disponível, pode muito bem ser possível para alguém apresentar uma defesa da jurisprudência e da filosofia política jusnaturalistas sem recorrer a qualquer premissa advinda de uma explicação jusnaturalista da racionalidade prática. ...

O desafio imediato enfrentado por defensores da tese de que o direito é amparado por razões decisivas para obediência é que ela parece suscetível à óbvia e devastadora objeção por contraexemplo. Pois essa tese parece acarretar que, se não tivermos razão alguma para obedecer a uma ordem, essa ordem não é uma lei. No entanto parece que reconhecemos rapidamente como lei ordens que não temos, ou não teríamos tido, razões decisivas para obedecer. A lei (norte-americana) do Escravo Fugitivo, de 1850, exigia que os cidadãos não atrapalhassem, ou até ajudassem, os agentes federais que buscavam devolver escravos fugitivos ao cativeiro. Essa lei foi aprovada para fazer cumprir um dispositivo constitucional e foi apropriadamente promulgada pelo legislativo federal. Ela foi socialmente reconhecida e judicialmente executada. Parece que, como uma prática social, a lei do Escravo Fugitivo era lei – a despeito do fato de que aqueles a ela subordinados não tinham razão decisiva para obedecê-la. Não serve portanto a nada, senão à ofuscação, negar que a lei do Escravo Fugitivo era lei. E se nos recusamos a negá-lo não estamos, por esse motivo, nos recusando a afirmar a tese fundamental da jurisprudência jusnaturalista? ...

Eis outra maneira de expor a ideia. Como quer que compreendamos o direito, para que isso seja feito adequadamente deveríamos reconhecer que o referente de "direito" é determinado por uma prática social. Quer pensemos ou não que algumas pessoas (por exemplo, juízes) devem ser consideradas privilegiadas com relação ao modo como o seu uso de "direito" determina seu referente, deveríamos admitir que há casos nos quais há uma concordância geral de que uma regra profundamente imoral é uma lei. Com relação à determinação do referente de "direito", a prática social é uma base sólida, e por isso qualquer análise de "direito" que implique que há erro numa matéria com relação à qual a prática social parece falar com uma só voz deve estar errada. ...

Uma resposta recente a essa crítica perene à jurisprudência jusnaturalista é que a teoria do direito natural nunca se preocupou realmente em negar o fato óbvio de que pode haver leis profundamente imorais, leis às quais aqueles que lhes estão submetidos não têm razão adequada, muito menos decisiva, para obedecer. Segundo uma linha de resposta desse gênero – o que chamarei de leitura "moral" da tese do direito natural –, a única coisa que o teórico jusnaturalista quer fazer ao afirmar uma conexão entre direito e razão é emitir um lembrete veemente de que a observância de algumas leis constituiria tamanho desvio da razoabilidade que não poderia haver razão adequada para obedecê-las; a única lei que merece a nossa obediência é a lei que alcança certo padrão mínimo de razoabilidade. Assim, Robert George escreve que "o que está sendo afirmado por teóricos jusnaturalistas [é] ... que a obrigatoriedade moral que pode se associar à lei positiva é de natureza condicional". ...

Há duas razões para se rejeitar a interpretação da tese jusnaturalista sugerida por George. A primeira é que tal interpretação transforma essa tese de uma afirmação pertencente à jurisprudência analítica em uma afirmação pertencente à filosofia moral. A concepção do direito natural, assim compreendida, não diz respeito de maneira alguma às condições definidoras do direito, mas apenas ao modo como agentes devem responder às exigências do direito. É implausível em si mesmo dizer que o teórico jusnaturalista está interessado em fazer não uma afirmação sobre a natureza do direito, mas apenas uma afirmação a respeito da moralidade da obediência ao direito – lembremos que o teórico paradigmático do direito natural é são

Tomás de Aquino, e que ao apresentar essa tese do direito natural ele o faz no contexto de uma discussão sobre a natureza do direito em geral, grande parte da qual é irrelevante para preocupações práticas – e, ademais, requer que acreditemos que séculos de debate entre juristas do direito natural e seus rivais envolveram o que não passa de um mal-entendido tanto da parte dos teóricos do direito natural quanto da parte de seus oponentes, com relação ao que o teórico jusnaturalista afirma. A segunda razão para rejeitar a sugestão de George é que a afirmação jusnaturalista, compreendida como uma tese moral, é excruciantemente desinteressante, uma afirmação que quase todos na história da filosofia moral e política aceitaram, não sendo por isso muito merecedora de discussão. ...

Considere as seguintes duas interpretações jurisprudenciais da tese jusnaturalista, às quais chamarei simplesmente tese forte e tese fraca do direito natural. Segundo a interpretação mais forte, a proposição "O direito é amparado por razões decisivas para sua observância" é do mesmo tipo que proposições como "Triângulos têm três lados". Há uma classe de proposições da forma "Ss são P" ou "S é P", a partir das quais podemos deduzir, em conjunção com a premissa da forma "X não é P", uma conclusão da forma "X não é um S". A proposição "Triângulos têm três lados" pertence a essa classe: de "Triângulos têm três lados" e "Essa figura não tem três lados" podemos deduzir "Essa figura não é um triângulo". Segundo a interpretação mais forte da tese do direito natural, a partir de "O direito é amparado por razões decisivas para sua observância" e de "Esta ordem não é amparada por razões decisivas para sua observância", podemos deduzir "Esta ordem não é direito". É essa interpretação mais forte da tese do direito natural que está por trás do dito comum do direito natural, *Lex injusta non est lex*.[2] Dada a plausível premissa adicional de que uma lei que requer a prática de uma injustiça é uma lei que não se pode ter razão decisiva para observar, a tese forte do direito natural acarreta que uma lei injusta não é de modo algum uma lei". ...

Em contraposição, segundo a interpretação mais fraca, a proposição "O direito é amparado por razões decisivas para sua observância" não é do mesmo tipo que proposições como "Triângulos têm três lados". Ao contrário, nessa interpretação, a proposição "O direito é amparado por razões decisivas para sua observância" é uma proposição como "O pato é um exímio nadador". Há uma classe de proposições da forma "S é P" ou "Ss são P" a partir da qual, em conjunção com uma premissa da forma "Este X não é P", não podemos concluir "Este X não é um S"; em vez disso, podemos concluir que (e apenas

---

2. "A lei injusta não é lei." Em latim no original. (N.T.)

que) "Este X ou não é um S ou é um S defeituoso". Assim, se nos deparamos com um animal que não é um exímio nadador, não podemos concluir que ele não é um pato; a única coisa que podemos concluir é que ou ele não é um pato ou é um pato defeituoso. Segundo essa interpretação mais fraca da tese fundamental da jurisprudência do direito natural, portanto, do fato de uma ordem não ser sustentada por razões decisivas para sua observância não se segue que ela não é direito. Segue-se somente que ou ela não é direito, ou é defeituosa precisamente enquanto direito. ...

Cada uma dessas interpretações da tese jusnaturalista tem sucesso em permanecer uma tese da jurisprudência, uma afirmação sobre a natureza do direito e não sobre a moral. Mas para cada uma delas há uma dificuldade imediata com que precisamos lidar. A dificuldade imediata no caso da interpretação mais fraca não é que ela é prejudicada pela objeção da lei do Escravo Fugitivo. Pois a interpretação mais fraca não implica que a lei do Escravo Fugitivo não era uma lei; implica apenas que ou não era uma lei, ou era defeituosa. Mas essa maneira de descrever como a interpretação mais fraca evita a objeção da lei do Escravo Fugitivo pode deixá-la vulnerável à objeção oposta: a de que ela sucumbe à mesma acusação de trivialidade que dirigi contra a leitura moral da tese do direito natural de George. Segundo a leitura moral, leis tais que não há boas razões para observá-las não deveriam ser obedecidas. Segundo a interpretação jurisprudencial mais fraca, leis tais que não há boas razões para observá-las são, no mínimo, defeituosas. Ora, não é a interpretação jurisprudencial mais fraca ainda menos interessante do que a interpretação moral? Menos interessante porque a interpretação moral pelo menos identifica o defeito em questão – isto é, o de ser a lei indigna de obediência –, ao passo que a interpretação jurisprudencial mais fraca diz apenas que há um defeito em algum lugar na vizinhança da ordem. ...

Essa objeção só se sustenta se confundirmos a noção específica de defectividade com a noção mais geral de objetabilidade. Se a interpretação mais fraca fosse simplesmente a de que é de alguma maneira objetável o direito ao qual não há razão decisiva para se obedecer, seria verdade que essa interpretação não encerraria grande interesse. Mas o conceito de ser defeituoso não deve ser identificado com o conceito de ser objetável: uma coisa pode exibir uma característica que é de alguma maneira objetável sem que essa característica constitua qualquer defeito nessa coisa. Seria possível que certo padrão de penas num pato fosse de fato muito feio. Há um sentido claro em que um pato com esse padrão de penas nos pareceria objetável. Mas a presença desse padrão, como tal, não tornaria o pato defeituoso enquanto pato. Mais uma vez: seria possível que, dado o fato de existirem por aí patos demais para o conforto humano, pudéssemos considerar corretamente objetável a reprodução dos patos. Mas o fato de dois patos conseguirem se reproduzir não revelaria a existência de deficiências neles. Os padrões para a defectividade dos patos são, poderíamos dizer, *internos* à vida do pato: o que pode ser considerado um defeito num pato não é simplesmente qualquer coisa que seja objetável ou desagradável ou não lucrativa no pato, mas somente o que é insuficiente num pato com relação à forma de vida de sua espécie. A noção de defeito é específica da espécie – isto é, deve sempre ser compreendida em termos do tipo de coisa em questão. Como Thompson observa, "um verdadeiro juízo sobre um defeito natural fornece uma 'crítica imanente' de seu objeto". ...

A compreensão mais fraca da tese do direito natural é, portanto, uma concepção interessante e contenciosa. Pois a afirmação que o defensor da interpretação jurisprudencial faz é a de que há algum padrão interno à legalidade, ao fato de ser direito, de tal modo que uma lei que não é amparada por razões decisivas para sua observância não se qualifica, sendo portanto defeituosa precisamente enquanto lei. Sejam quais forem os deméritos da compreensão fraca da tese do direito natural, a trivialidade não está entre eles.

QUESTÕES E TEMAS PARA DISCUSSÃO

1. Discorra sobre os três sentidos de direito natural identificados por Murphy e explique como podem ser considerados independentes.
2. Explique a leitura moral que Robert George faz da tese jusnaturalista. Quais são as duas razões apresentadas por Murphy para rejeitá-la?
3. Murphy apresenta duas leituras possíveis da tese jusnaturalista da jurisprudência: a tese fraca e a tese forte do direito natural. Explique cada uma dessas leituras e suas implicações.
4. Murphy defende a tese fraca ou a tese forte do direito natural da jurisprudência? Quais são as razões apresentadas por ele para defender a versão escolhida?
5. Se você tivesse que escolher entre a versão forte ou fraca da tese jusnaturalista da jurisprudência, qual seria a sua opção? Justifique a sua resposta.

LEITURAS SUGERIDAS

Massini, Carlos. "Recensiones: Mark C. Murphy, *Natural Law in Jurisprudence and Politics*, Cambridge University Press, New York, 2009", *Persona y Derecho* 62, 2010, p.249-59.

Murphy, Mark. "La epistemología de los primeros principios de la ley natural", *in* J.J. Pérez-Soba, J. de Dios Larrú e J. Ballesteros (orgs.), *Una ley de libertad para la vida del mundo: Actas del Congreso Internacional sobre Ley Natural*. Madri, Collectanea Matritensia, 2007, p.111-24.

ALEXY

Robert Alexy nasceu em Oldenburg, na Alemanha, em 1945. Atraído pela filosofia desde cedo, manteve esse interesse, principalmente pela filosofia do direito, durante sua formação na Universidade de Göttingen. Alexy atribuiu isso a dois professores que foram extremamente influentes em sua carreira: Günther Patzig e Ralf Dreier. O primeiro foi responsável por apresentá-lo não só a autores como Aristóteles e Kant, mas também à filosofia analítica mais recente, especialmente ao trabalho de Gottlobe Frege. Patzig também lhe mostrou a importância de uma abordagem analítica no estudo da filosofia de uma forma geral. O segundo, Dreier, foi seu orientador de doutorado. Sua tese *Uma teoria da argumentação jurídica*, defendida em 1976, foi premiada pela Academia de Ciências de Göttingen e posteriormente publicada e traduzida para diversos idiomas, tornando Alexy conhecido na comunidade da filosofia do direito. Desde 1986 leciona na Universidade Christian-Albrechts, em Kiel. Foi presidente da Seção Germânica da Associação Internacional de Filosofia Jurídica e Social (IVR, 1994-1998) e é membro da Academia de Ciências de Göttingen desde 2002.

Seu reconhecimento no Brasil é enorme. Neoconstitucionalistas e pós-positivistas brasileiros, como o professor e ministro do Supremo Tribunal Federal Luís Roberto Barroso, colocam-no, junto com Ronald Dworkin, como o marco referencial teórico desses movimentos. Alexy é um dos filósofos mais citados por professores que atuam nas áreas mais dogmáticas do direito e não é raro ver seu nome e suas ideias serem mencionados pelo Judiciário. Até 2014, cinco universidades brasileiras já haviam lhe concedido o título de *doutor honoris causa*.

A obra de Alexy é vasta, com uma série de artigos e livros publicados sobre os mais variados temas da filosofia do direito. Contudo, o próprio autor, em entrevistas publicadas, deixa claro quais são as suas principais áreas de atuação e contribuições dentro da filosofia do direito: o debate sobre a argumentação e o raciocínio jurídico; o debate sobre direitos humanos e direitos constitucionais; e o debate sobre o conceito e a natureza do direito. De acordo com Alexy, os três temas podem ser integrados, formando um sistema. A ideia abrangente desse sistema é a da institucionalização da razão.

PRINCIPAIS ELEMENTOS DE UMA TEORIA DA DUPLA NATUREZA DO DIREITO
O não positivismo de Robert Alexy

Neste artigo, Alexy resume sua teoria e a apresenta em termos de um pacote sistemático. Inicialmente, ele destaca que no centro de suas reflexões está a tese de que o direito possui uma natureza dupla, isto é, possui concomitantemente uma dimensão fática e uma dimensão crítica. Segundo Alexy, aqueles que explicam o conceito ou natureza do direito recorrendo exclusivamente à dimensão fática são positivistas. Ao agregar a dimensão crítica em sua explicação do direito, Alexy retrata a sua teoria como sendo não positivista. É justamente a teoria da dupla natureza que vai ser desdobrada em um sistema nesse artigo.

O primeiro passo no desdobramento do sistema é desenvolver a ideia de pretensão de correção. Segundo Alexy, legisladores, juízes, advogados e todos aqueles que operam no e para o direito erigem uma pretensão de correção enquanto criam, interpretam, aplicam ou implementam o direito. A pretensão de correção, no que diz respeito ao seu conteúdo, se refere ao menos à simples correção moral.

Contra o ceticismo moral que alguns poderiam alegar, Alexy defende a teoria do discurso, que é uma teoria procedimental da correção prática. Ela estabelece critérios argumentativos que devem ser observados no estabelecimento da correção de asserções normativas. De acordo com a teoria do discurso, asserções normativas podem ser classificadas como corretas quando passam por dois níveis de regras: regras da argumentação racional aplicáveis a fundamentações monológicas e regras relativas ao procedimento do discurso. As primeiras estabelecem, por exemplo, a observância da não contradição, a exigência de clareza linguístico-conceitual, atenção à verdade empírica, entre outras coisas. As regras de segundo nível, que são agregadas às regras de racionalidade de primeiro nível, possuem um caráter não monológico, já que dizem respeito ao modo de interação entre falantes que participam do debate. As mais importantes determinam que qualquer um apto a falar pode participar de discursos, podendo questionar e introduzir qualquer alegação, expressar seus pontos de vista, desejos e necessidades; e nenhum falante pode ser privado das condições anteriores por meio de coerção. Segundo Alexy: "Corretas e, assim, válidas são precisamente as normas que seriam qualificadas como corretas por qualquer um em um discurso ideal."

Os resultados normativos que passam pelos procedimentos argumentativos estabelecidos pela teoria do discurso podem ser considerados corretos. Entretanto, a teoria discursiva apresenta certas limitações, sendo uma das principais o fato de não estabelecer um procedimento capaz de, em um número finito de operações, determinar, com exclusividade, uma única resposta ou resultado normativo correto. A teoria do discurso é um ideal regulativo que oferece limites para o discurso real, estabelecendo os seus contornos ao delimitar o que é normativamente necessário e o que é normativamente impossível. A escravidão, por exemplo, afronta as exigências da teoria do discurso e nunca pode ser defensável em um discurso real, podendo ser caracterizada como discursivamente impossível. Por outro lado, os direitos humanos e a democracia são discursivamente necessários. A teoria do discurso leva ao constitucionalismo democrático, que engloba duas exigências para o conteúdo e estrutura do sistema jurídico: democracia e direitos fundamentais. O tipo de democracia que a teoria do discurso reivindica é a democracia deliberativa, que aposta na correção por meio de argumentos e não por uma mera contagem de votos da maioria. O sistema do constitucionalismo democrático é complementado pela teoria dos princípios de Robert Alexy. Afinal, de acordo com ele, direitos fundamentais têm a natureza de princípios.

Embora a teoria do discurso estabeleça aquilo que é discursivamente necessário e aquilo que é discursivamente impossível, deixa em aberto um grande espaço para o discursivamente possível, sem estabelecer uma resposta única para questões normativas que habitam esse terreno do desacordo racional. Isso faz com que seja necessária a positivação, isto é, a introdução de procedimentos regrados jurídico-positivamente capazes de garantir a produção de decisões. A razão prática deve passar por um processo de institucionalização para que possa garantir certas decisões.

Alexy entende que a argumentação jurídica é um caso especial do discurso prático geral. Em ambos a preocupação é estabelecer o que é proibido, obrigatório ou permitido, ou seja, estabelecer respostas normativas para questões práticas. Mas o discurso jurídico é um caso especial, já que sua pretensão de correção combina critérios críticos ou ideais (que englobam critérios morais) com critérios fáticos ou reais estabelecidos pelo sistema jurídico de um determinado lugar (por exemplo: leis, precedentes e outros documentos jurídicos). No direito, a dimensão crítica ou ideal da pretensão de correção convive com a dimensão real ou fática. Isso acontece por dois motivos elucidados por Alexy. Em primeiro lugar, legisladores não conseguem criar um sistema perfeito no qual todas as soluções possam ser oferecidas com base em uma simples subsunção. Afinal sistemas jurídicos podem ter regras vagas, regras conflitantes e lacunas normativas, e essas situações fazem surgir casos difíceis. Como a pretensão de correção exige que as decisões sejam fundamentadas em razões, quando o material institucional jurídico dotado de autoridade se esgota, sobram apenas aquelas razões não institucionais do discurso prático em geral. A segunda razão, que explica a persistência da dimensão crítica no âmbito institucional jurídico mesmo na ausência de casos difíceis, é justamente a ideia de pretensão de correção. Todo aquele que decide um caso jurídico (ou profere uma opinião normativa sobre uma questão jurídica) realiza uma asserção segundo a qual a sua decisão está correta dentro da estrutura do direito, mas também diz que é racional ou correto aplicar a norma que está aplicando. Mesmo um juiz, que não criou o material jurídico que está utilizando, ao aplicá-lo na resolução de um caso concreto está se comprometendo com a racionalidade e correção moral daquele material. Ele está assumindo responsabilidade por sua decisão de aplicar o material jurídico.

Segundo Alexy, o ponto de vista que deve ser privilegiado na metodologia invocada para explicar o conceito e natureza do direito é o ponto de vista do participante, e não o do observador. Afinal, sem o participante não existe direito. Portanto, seu ponto de vista é fundamental para esclarecer o que faz parte da essência do direito. Os participantes não se contentam apenas com os critérios reais ou fáticos para estabelecer o que conta como direito válido, isto é, para estabelecer o que é o direito: para o participante, a resposta sobre o que é o direito depende do que pode ser corretamente afirmado como direito, não dependendo exclusivamente de fatos sociais, mas também de argumentos morais.

Os trechos selecionados ilustram algumas noções cruciais da teoria de Alexy: pretensão de correção, argumentação jurídica, princípios jurídicos e a ideia de limite extremo. Esta última noção é extremamente relevante para entender por que Alexy é classificado como um jusnaturalista por Jonathan Crowe.

De acordo com Crowe, o jusnaturalista é aquele que defende uma relação intrínseca entre o direito e razões para ação, ou seja, que o direito oferece, necessariamente, um padrão racional de condutas. Alexy é um jusnaturalista na medida em que defende uma relação *necessária* entre direito e razões para ação – afinal, sua teoria é baseada na institucionalização da razão. Contudo, é importante perceber que a exigência de que o direito reivindique uma pretensão de correção não faz com que um pensador seja automaticamente um jusnaturalista. Isso não é suficiente. Como bem nota Crowe, Joseph Raz, um dos mais importantes positivistas jurídicos, defende uma tese parecida com a tese de Alexy. Segundo Raz, o direito necessariamente reivindica uma pretensão de ser uma autoridade moralmente legítima. A diferença crucial entre ele e Alexy, capaz de explicar por que o primeiro é um positivista e o segundo é um jusnaturalista, é que para Raz o direito pode continuar sendo direito mesmo se fracassar solenemente na sua pretensão de ser uma autoridade moralmente legítima. Sua natureza jurídica não é alterada pelo seu fracasso moral (não sendo inválido ou juridicamente defeituoso). Todavia, para Alexy a pretensão de correção envolve também a sua realização em alguma medida: ele entende que normas que não são capazes de sustentar a pretensão de correção são defeituosas ou inválidas, dependendo do grau de injustiça que incorporam. Trata-se aqui da sua discussão sobre o limite extremo.

Vejamos que tipo de jusnaturalista é Alexy seguindo as divisões propostas por Crowe em relação às ambiguidades da tese fundamental do direito natural.

Em primeiro lugar, Alexy defende uma tese jusnaturalista que é ao mesmo tempo conceitual e metafísica. Isso fica evidenciado no texto selecionado, quando Alexy afirma que a noção de pretensão de correção é "significativa para o conceito e para a natureza do direito". Alexy acredita que a análise conceitual é ao mesmo tempo capaz de capturar os modos convencionais de entendimento sobre o direito e revelar a sua natureza. Ao investigar os compromissos fundamentais dos participantes, ele acredita estar revelando a essência do direito.

Quanto ao defeito de racionalidade, diferentemente de Murphy, que adota a posição forte, Alexy defende a posição fraca, segundo a qual uma norma só é racionalmente defeituosa quando requer a realização de uma conduta injusta ou imoral. Quando uma norma exige uma ação de um indivíduo que ele está moralmente obrigado a não realizar, pode-se dizer que a mesma é racionalmente defeituosa.

E o que diz Alexy sobre normas jurídicas injustas? São elas inválidas ou apenas defeituosas? Aqui a visão de Alexy é mais complexa que a de Murphy: recorrendo à fórmula de Radbruch, que afirma que "injustiça extrema não é direito", Alexy estabelece os limites do direito. A fórmula de Radbruch coloca limites à validade jurídica: normas injustas, mas que não ultrapassam um patamar de extrema injustiça, são juridicamente defeituosas, enquanto normas que extrapolam o limiar de extrema injustiça são juridicamente inválidas.

Em outras palavras, um defeito de racionalidade em uma norma pode gerar o que Alexy chama de efeitos jurídicos qualificatórios (defeito) ou classificatórios (validade). Ambos dizem respeito à natureza do direito: uma norma injusta será ou defeituosa enquanto direito ou inválida enquanto direito, dependendo do grau de injustiça que ela manifesta.

Finalmente, no âmbito sistêmico, Alexy defende o seguinte: 1) um sistema jurídico que não reivindica ou ergue uma pretensão de correção é inválido; 2) um sistema jurídico que reivindica correção mas não a satisfaz porque contém alguma(s) norma(s) juridicamente defeituosa(s) ou inválida(s) é um sistema juridicamente defeituoso; 3) um sistema jurídico cujos componentes injustos são degradantes a ponto de minar a sua eficiência como um todo é um sistema juridicamente inválido.

Podemos concluir, portanto, que Alexy é um defensor do jusnaturalismo, já que defende a tese da existência de uma conexão interna entre direito e razões para a ação. A exigência de que a pretensão de correção seja satisfeita acaba vinculando intrinsicamente direito e moral. Quando o direito consagra razões para a ação que contrariam critérios de justiça, a natureza do direito é deturpada. Alexy sustenta que a incorreção moral implica na incorreção legal, já que a pretensão de correção do direito faz referência à própria correção moral. A não satisfação dessa exigência configura uma mancha na essência do direito.

No centro das minhas reflexões está a tese de que o direito possui uma natureza dupla.[1] Ele inclui necessariamente tanto uma dimensão real ou fática, quanto uma ideal ou crítica. O lado fático se reflete nos elementos definitórios da produção formalmente adequada e da eficácia social; o ideal, no da correção moral.[2] Quem define o direito exclusivamente em função da produção formalmente adequada e da eficácia social defende um conceito de direito positivista. Tão logo se agrega a correção moral como um terceiro elemento necessário, transforma-se o quadro fundamentalmente: forja-se um conceito de direito não positivista. A tese da dupla natureza implica, então, o não positivismo.

A tese da dupla natureza do direito é, como tal, ainda imprecisa e formal. Ela adquire, porém, conteúdo concreto e estrutura clara quando é desdobrada em um sistema. A ideia abrangente desse sistema é a da instituciona-

---

1. R. Alexy, "On the concept and the nature of law", *Ratio Juris* 21, 2008, p.292.
2. R. Alexy, *Begriff und Geltung des Rechts*, Freiburg/Munique, 4ª ed. 2005.

lização da razão.[3] Sua forma política é o constitucionalismo democrático ou discursivo.[4]

...

A pretensão de correção

O ponto de partida é a tese de que o direito erige necessariamente uma pretensão de correção. Para que essa tese se torne mais precisa é necessário responder três perguntas:

- Que significa dizer que o direito erige uma pretensão?
- Que se entende pelo caráter necessário da pretensão?
- Em que consiste o conteúdo da pretensão?

Erigir uma pretensão

Pretensões podem, de forma rigorosa, ser instituídas apenas por sujeitos aptos a agir e falar.[5] Até o ponto em que o direito é considerado um sistema de normas, ele não pode, como realçou pertinentemente Neil MacCormick,[6] erguer nenhuma pretensão. A afirmação de que o direito erige uma pretensão de correção pode, por conseguinte, apenas significar que aqueles que a instituem operam no e para o direito enquanto o criam, interpretam, aplicam e implementam. O legislador e o juiz são casos paradigmáticos. Levantar aquela pretensão significa, primeiro, que por meio dos atos institucionais deles, ou seja, com a aprovação de leis e decisões judiciais, está vinculado o ato não institucional de "asserção" de que o ato jurídico é correto quanto ao conteúdo e quanto ao procedimento. Correção implica fundamentabilidade. Por isso, a pretensão de correção "assegura", em segundo lugar, a fundamentabilidade.[7] Como terceiro elemento, agrega-se à asserção e ao asseguramento a "expectativa" de que cada um que se coloca sob o enfoque do respectivo

---

3. R. Alexy, "My philosophy of law: the institutionalization of reason", *in* L.J. Wintgens (org.), *The Law in Philosophical Perspectives*, Dordrecht, Kluwer, 1999, p.23s.

4. R. Alexy, "Die Institutionalisierung der Menschenrechte im Demokratischen Verfassungsstaat", *in* S. Gosepath e G. Lohmann (orgs.), *Philosophie der Menschenrechte*, Frankfurt, Suhrkamp, 1998, p.258s.

5. R. Alexy, "Recht und Richtigkeit", *in* W. Krawietz et al. (orgs.), *The Reasonable as Rational?: Festschrift for Aulis Aarnio*, Berlim, Duncker & Humblot, 2000, p.4

6. N. MacCormick, "Why law makes no claims", *in* G. Pavlakos (org.), *Law, Rights and Discourse: The Legal Philosophy of Robert Alexy*, Oxford, Hart, 2007, p.60.

7. R. Alexy, "Thirteen replies", *in* G. Pavlakos (org.), op.cit., p.348s. Em trabalhos anteriores falava-se de uma "garantia" em vez de "asseguramento". Ver R. Alexy, "Recht und Richtigkeit", op.cit., p.6.

sistema jurídico é racional e aceita o ato jurídico como correto. O ato de erigir uma pretensão de correção se compõe, então, da tríade:

- asserção de correção;
- garantia de fundamentabilidade;
- expectativa de aceitação.

Essa tríade não está vinculada apenas a atos institucionais, como aprovação de leis e decisões judiciais. Todo aquele que, como participante de um sistema jurídico – seja como advogado perante um tribunal, seja como cidadão em uma discussão pública –, apresenta argumentos favoráveis ou contrários a um determinado conteúdo do sistema jurídico, manifesta a pretensão consistente na afirmação da correção, na garantia da fundamentabilidade e na expectativa de aceitação destes.

O *caráter necessário*

A pretensão de correção é, pois, significativa para o conceito e para a natureza[8] do direito apenas quando o direito a traz necessariamente consigo. A necessidade pode ser explicitada e demonstrada por meio de dois exemplos.

No primeiro exemplo está em jogo o primeiro artigo de uma nova Constituição para o estado X, em que a minoria subjuga a maioria. A minoria gostaria de continuar a gozar das vantagens da subjugação da maioria, mas também quer ser franca. A Assembleia Constituinte aprova, por isso, como primeiro artigo da nova Constituição, o seguinte enunciado: "X é uma república soberana, federal e injusta."

Esse artigo constitucional possui algo errado. A pergunta é simplesmente uma: em que consiste o defeito? Sem dúvida, atenta-se contra as convenções sobre a formulação de textos constitucionais. Contudo, isso por si só não esclarece o erro. Um catálogo de direitos fundamentais de cem páginas que tenta codificar a jurisprudência atual de um tribunal constitucional seria, por exemplo, inusitado e não convencional ao extremo, mas não teria a pura e simples falta de sentido da cláusula de injustiça. O mesmo vale para a incorreção moral. Do ponto de vista da moral não haveria qualquer diferença, se a maioria subjugada, em um artigo adicional, fosse privada dos direitos a cuja privação a cláusula de injustiça tem por objetivo. No entanto, sob o ponto de vista da incorreção, haveria, apesar de tudo, uma diferença. A cláu-

---

8. Sobre a relação entre conceito e natureza, ver R. Alexy, "On the concept and the nature of law", op.cit., p.290-2, n.1.

142 Textos básicos de filosofia do direito

sula de injustiça não é apenas imoral, mas também insensata em certo sentido. Eugenio Bulygin[9] asseverou que a cláusula de injustiça exprime apenas um erro político, motivo pelo qual ela é considerada por ele "politicamente inapropriada". Isso ela é sem dúvida, embora tal fato também não esclareça completamente o defeito. Muita coisa pode ser politicamente inapropriada em uma Constituição e, nesse sentido, tecnicamente incorreta, sem que isso produza efeitos tão particularmente como o nosso primeiro artigo.[10] Nem a incorreção convencional, nem a moral, nem a técnica explicam a absurdidade da cláusula de injustiça. Ela resulta, como é comum em absurdos, de uma contradição. Tal contradição que se origina, com o ato constituinte, de uma pretensão de correção que é erigida, a qual, nesse caso, é essencialmente uma pretensão de justiça.[11] Pretensões incluem, como exposto, asserções. No caso da pretensão de justiça aqui levantada, a asserção é a de que a república é justa. A contradição consiste então na assertiva de que, com o ato constituinte, é implicitamente sustentada uma afirmação que contradiz o conteúdo explícito[12] do ato constituinte: a cláusula de injustiça.

O segundo exemplo trata de um juiz que prolata a seguinte sentença: "O acusado é condenado à prisão perpétua, o que é uma falsa interpretação do direito vigente."

A frase dá margem a uma série de questões que não devem, porém, ser enfrentadas.[13] Nesse contexto somente é relevante que a suposição de um erro convencional, moral ou técnico, assim como a suposição de uma violação do direito positivo,[14] não sejam também suficientes para captar o caráter particular da incorreção. A absurdidade da sentença se esclarece nesse caso também por uma contradição. Através uma decisão judicial é erguida a pretensão de que o direito é aplicado corretamente, ainda que essa pretensão também seja pouco satisfeita. A pretensão de correção erigida com a consumação do ato institucional de condenação contradiz como falsa a classificação da decisão deste. Instituir uma pretensão de correção significa, entre

---

9. E. Bulygin, "Alexy und das Richtigkeitsargument", *in* A. Aarnio et al. (orgs.), *Rechtsnorm und Rechtswirklichkeit: Festschrift für Werner Krawietz*, Berlim, Duncker & Humblot, 1993, p.23s.

10. R. Alexy, *Begrieff und Geltung des Rechts*, op.cit., p.66, n.2.

11. Justiça não é mais do que um caso especial de correção, a saber, correção em relação à distribuição e à equiparação. Cf. R. Alexy, "Giustizia come correttezza", *Ragion Pratica* 9, 1997, p.105.

12. Para maiores detalhes sobre o assunto, ver R. Alexy, "On the thesis of a necessary connection between law and morality: Bulygin's critique", *Ratio Juris* 13, 2000, p.140.

13. Cf. sobre o assunto, de um lado, U. Neumann, *Juristische Argumentationslehre* (Darmstadt, Wissenschaftliche Buchgesellschaft, 1986, p.87-9), assim como E. Bulygin, "Alexy und das Richtigkeitsargument" (op.cit., p.23, n.9) e, de outro lado, R. Alexy, "Bulygins Kritik des Richtigkeitsarguments" (*in* E.G. Valdés et al. (orgs.), *Normative Systems in Legal and Moral Theory: Festschrift for Carlos E. Alchourrón and Eugenio Bulygin*, Berlim, Duncker & Humblot, 1997, p.247-9).

14. R. Alexy, *Begrieff und Geltung des Rechts*, op.cit., p.69, n.2.

outras coisas, asseverar implicitamente que a decisão é correta. Essa asserção implícita é contraditória com a afirmação explícita e pública vinculada à decisão de que esta é falsa. Essa contradição entre o implícito e o explícito esclarece a absurdidade.

Poderia ser objetado que tudo isso ainda não evidencia a necessidade da pretensão de correção. A absurdidade seria evitável em ambos os casos. Seria preciso apenas mudar fundamentalmente a prática e a autocompreensão atuais do direito. Constituições seriam, desde o início, interpretadas exclusivamente por todos como expressões de poder, vontade, força, e decisões judiciais como uma mistura de comando, decisão e emoção. Ambas seriam, assim, naturalisticamente entendidas e, ao mesmo tempo, também se dissipariam dos nossos exemplos sobre a pretensão de correção a contradição e, com isso, a absurdidade. A pretensão de correção seria substituída por algo como uma pretensão de poder. Essa possibilidade de substituição do direito por puro poder mostra em que sentido a pretensão de correção é necessária. Ela é necessária relativamente a uma práxis definida essencialmente por meio da distinção entre verdadeiro e falso, ou seja, por meio da normatividade. Essa práxis é, no entanto, uma prática de tipo especial. Podemos, por certo, tentar nos despedir das categorias da correção, da fundamentabilidade e da objetividade, seja totalmente, seja pelo menos no âmbito da coordenação e da cooperação sociais.[15] Se isso funcionasse, nossos discursos e ação seriam essencialmente diferentes do que são agora. O preço para tanto seria alto. Ele consistiria, em certo sentido, em nós mesmos. Nessa medida, a fundamentação da necessidade da pretensão de correção – se ela quer ser mais do que a explicação de uma prática faticamente existente – opera em uma dimensão existencial.[16]

O conteúdo

Com a tese de que uma pretensão de correção é erigida, nada é dito a respeito do seu conteúdo. Isso depende do contexto institucional. Valem, assim, para uma assembleia constituinte critérios diferentes dos que valem para as

---

15. Raz asseverou que o argumento da correção não é mais do que uma "tese geral sobre ações intencionais e seus produtos", de sorte que ele também é correto para a ação de bandidos. Ele adota, nesse caso, a forma de uma pretensão de que o que é feito pelos bandidos é relativamente apropriado aos seus objetivos, o que pode significar que a ação é "autoenriquecedora" (J. Raz, "The argument from justice, or how not to reply to legal positivism", op.cit., p.27). Contra isso se diz que a pretensão de correção, como exposto, engloba um asseguramento de fundamentabilidade e uma expectativa de aceitação por todos. Com isso, não é compatível o objetivo de autoenriquecimento ilícito. A pretensão de Raz à adequação dos propósitos não atinge a dimensão de objetividade contida na pretensão de correção (R. Alexy, "An answer to Joseph Raz", in G. Pavlakos, op.cit., p.49).

16. R. Alexy, "Menschenrechte ohne Metaphysik?", *Deutsche Zeitschrift für Philosophie* 52, 2004, p.21.

decisões judiciais. Duas questões distintas caracterizam, contudo, a pretensão de correção do direito em todos os contextos: ela compreende, em primeiro lugar, sempre uma pretensão de fundamentabilidade e, em segundo lugar, ela se refere sempre, como ainda será exposto, ao menos também à simples correção moral. Dessa forma não apenas é asseverado – com uma decisão de um tribunal – que o direito posto e eficaz é observado, como também ele mesmo e sua interpretação são corretos.

...

O limite extremo

A institucionalização da razão é um empreendimento complexo. Quatro aspectos são diferenciados. O primeiro é o do limite máximo do direito. Nesse caso, trata-se de rechaçar a famosa frase de Hans Kelsen: "[Por] conseguinte qualquer conteúdo arbitrário pode ser direito."[17] O que pode, nesse sentido, ser direito, ilustra Kelsen com a seguinte observação: "[De] acordo com o direito de estados totalitários, o governo está autorizado a prender pessoas de convicção, religião ou raça indesejáveis em campos de concentração, obrigá-las a qualquer trabalho e, sim, matá-las."[18] Contra isso há de ser oposta a fórmula de Radbruch,[19] passível de ser apresentada na forma concisa:[20] "Injustiça extrema não é direito."

O especial nessa fórmula é que ela vincula direito e moral sem exigir uma completa convergência entre ambos. Ela permite, assim, que o direito positivo também seja válido mesmo quando injusto.[21] Normas postas em conformidade formal e socialmente eficazes perdem seu caráter de direito ou sua validade jurídica apenas quando as barreiras da injustiça extrema são transpassadas.

A pretensão de correção integra, de fato, uma importante base da fórmula de Radbruch, mas ela, tomada individualmente, não é suficiente para fundamentá-la. Para tanto, são necessárias outras razões. Entre estas, razões normativas desempenham um papel especial. Isso já foi objeto de

---

17. H. Kelsen, *Reine Rechtslehre*, Viena, Franz Deuticke, 2ª ed. 1960, p.201.

18. Ibid., p.42.

19. G. Radbruch, "Gesetzliches Unrecht und Übergesetzliches Rechts", *in Gesamtausgabe*, Heidelberg, Verlag Lambert, 1990, vol.3, p.89.

20. R. Alexy, "A defense of Radbruch's formula", *in* D. Dyzenhaus (org.), *Recrafting the Rule of Law: The Limits of Legal Order*, Oxford, Hart, 1999, p.15s.

21. Com o foco nessa fórmula, pode-se, por conseguinte, falar em um "não positivismo inclusivo". Cf. R. Alexy, "On the concept and the nature of law", op.cit., p.286-90, n.1.

exposição detalhada.[22] Por isso, esse ponto deve tratar apenas da pergunta fundamental a respeito da possibilidade de fundamentos normativos desempenharem um papel fundamental para a determinação do conceito e da natureza do direito, como, em geral, os princípios da segurança jurídica e da justiça mencionados supra.

Joseph Raz[23] aduziu que a pergunta a respeito da natureza do direito é uma questão teórica, e não prática ou normativa, e que a teoria deve exclusivamente constatar "como as coisas *são*".[24] A pergunta sobre a possibilidade de a fórmula de Radbruch dizer algo correto sobre a natureza do direito ou – como concebe Raz – de uma regra ser válida, "dado aos tribunais o poder para desconsiderar leis grosseiramente injustas", diria respeito, por isso, "a uma questão de fato social".[25] Mas eu deveria ter mostrado a existência necessária de um tal fato social em todos os sistemas jurídicos.[26] Contra isso há de se opor que a fórmula de Radbruch não descreve nenhum fato social. Na verdade, ela é a contrapartida de um fato social. Ela coloca limites à validade jurídica fundada nos fatos sociais da produção do direito formalmente adequada e da eficácia fática.

Permanece, certamente, a pergunta sobre a possibilidade de ela fazer isso com base em fundamentos morais, ou seja, normativos. Isso foi contestado com especial ênfase por Andrei Marmor: "[Uma] vez que admitimos que, para obter algo como a fórmula de Radbruch, é preciso um argumento normativo, conta-se com um argumento moral para nos dizer algo sobre o direito. Não é mais o caso que a conclusão diz respeito à natureza do direito. Tão simples quanto isso."[27]

Deve ser impugnado que seja realmente tão simples. Não é tão simples porque, ao lado da perspectiva do observador, há a perspectiva do participante[28] e porque esta última é necessária para o direito, ou seja, pertence à sua natureza. Sem participante não há direito. A diferença entre as duas perspectivas consiste em que o observador inquire sobre como se decide de fato em um determinado sistema jurídico, enquanto o participante inquire sobre qual é a resposta correta para uma questão jurídica em um determinado sistema jurídico. Para o observador, o direito consiste exclusivamente naquilo que real-

---

22. R. Alexy, *Begriff und Geltung des Rechts*, op.cit., p.52-108, n.2.

23. J. Raz, "On the nature of law", *Archiv für Rechts- und Sozialphilosophie* 82, 1996, p.7.

24. Grifo meu.

25. J. Raz, "The argument from justice, or how not to reply to legal positivism", *in* G. Pavlakos, op.cit., p.31, n.15.

26. Idem.

27. A. Marmor, *Anales de la Cátedra Francisco Suárez* 39, 2005, p.778.

28. R. Alexy, *Begriff und Geltung des Rechts*, op.cit., p.47s. e n.2.

mente foi posto e é socialmente eficaz.[29] Isso é, de fato, como se refere Raz, "uma questão de fato social". Ao contrário, na perspectiva do participante, a resposta para a pergunta sobre o que é válido como direito e, nesse sentido, é direito, depende do que pode ser corretamente afirmado como direito. A correção de uma afirmação sobre o que é o direito, no entanto, não depende somente de fatos sociais, mas também de argumentos morais. Nesse sentido, argumentos morais pertencem às condições de correção das afirmações jurídicas.[30] Com isso, o que o direito deve ser encontra entrada naquilo que o direito é. O "é" do participante é, dessa forma, necessariamente um "é" que inclui um dever-ser. Assim como em relação à correção poder-se-ia também falar de um "'ser' de segunda ordem".

...

Argumentação jurídica

Nenhum legislador pode criar um sistema de normas tão perfeito em que cada caso pode ser solucionado apenas a partir de uma simples subsunção da descrição das circunstâncias à hipótese de incidência de uma regra. Para tanto, há vários motivos. Os mais significativos são a vagueza da linguagem do direito, a possibilidade de conflitos normativos, a ausência de normas nas quais a decisão pode se sustentar e a possibilidade, em casos especiais, de também se decidir em sentido contrário ao teor literal de uma norma.[31] Nessa medida existe uma abertura necessária do direito.[32] Isso é válido, pelo menos em igual medida, também para um sistema de precedentes.

De acordo com a definição, no âmbito da abertura do direito positivo não se pode decidir com base no direito positivo, pois, se isso fosse possível, não se estaria naquele âmbito. Positivistas como Kelsen[33] e Hart[34] são, por isso, apenas consequentes quando dizem que o juiz, no âmbito da abertura, está autorizado a decidir, tal qual um legislador, com base em critérios extra-

---

29. Isso não exclui as considerações das reflexões dos observadores sobre como o direito, na opinião dos participantes, deva ser. Pode-se falar, no caso, de considerações indiretas ou em "terceira pessoa" sobre como o direito deve ser. Os participantes, ao contrário, realizam considerações diretas ou em primeira pessoa.

30. Cf. Ronald Dworkin (*Justice in Robes*, Cambridge, Harvard UP, 2006, p.2), que em vez de "condições de correção" fala em "condições de verdade" (*truth conditions*).

31. R. Alexy, *Theorie der Juristischen Argumentation: Die Theorie des Rationalen Diskursen als Theorie der Juristischen Begründung*. Frankfurt, Suhrkamp, 1996, p.17s., n.18.

32. H.L.A. Hart, *The Concept of Law*, Oxford, Oxford UP, 2ª ed.1994, p.128.

33. H. Kelsen, *Reine Rechtslehre*, op.cit., p.350, n.31.

34. H.L.A. Hart, *The Concept of Law*, op.cit., p.126, 135, 204s., n.59.

jurídicos. A pretensão de correção leva, ao contrário, a uma explicação não positivista, em cujo centro está a tese do caso especial.

A tese do caso especial afirma que o discurso jurídico é um caso especial do discurso prático geral.[35] A argumentação jurídica, como a argumentação prática geral, trata, no fundo, do que é obrigatório, proibido e permitido, ou seja, de questões práticas. Tanto no discurso prático geral quanto no jurídico é erigida uma pretensão de correção. A peculiaridade consiste no fato de que a pretensão de correção no discurso jurídico não se refere, ao contrário do que ocorre no discurso prático geral, ao que é correto independentemente do direito positivo vigente em cada caso, mas sim ao que é correto no âmbito de um sistema jurídico determinado. O que é correto em um sistema jurídico depende essencialmente do que foi estabelecido autoritativa ou institucionalmente e do que se adapta ao sistema. Se se quer colocar isso em uma fórmula sucinta, pode-se dizer que a argumentação jurídica está vinculada às leis e precedentes, e se deve considerar o sistema de direito desenvolvido pela dogmática jurídica.[36] Se uma decisão decorre claramente de uma lei, precedente ou construção dogmática e, sob o aspecto da correção interna, não há nenhuma alegação séria, decide-se o caso apenas pelo que foi posto autoritativa e institucionalmente. Mas se as leis precedentes e a dogmática não determinam a resposta para uma questão jurídica – o que define um caso difícil – são necessárias valorações adicionais que não derivam do material autoritativo preestabelecido. Se a pretensão de correção deve cumprir algum papel satisfatório, essas premissas adicionais devem ser fundamentadas. Isso, no entanto, quando o material autoritativo ou institucional por si só não fornece nenhuma resposta, somente é possível na direção da argumentação prática geral.

Habermas objetou contra a tese do caso especial que o discurso jurídico não poderia ser concebido como um caso especial do discurso "moral": "Discursos jurídicos ... não formam nenhum caso especial de argumentação moral."[37] A razão para tanto é que, no direito, argumentos éticos e pragmáticos deveriam desempenhar um papel fundamental ao lado dos argumentos morais.[38] Como "morais", Habermas qualifica os argumentos relacionados com a justiça.[39] Questões éticas – nesse caso questões ético-políticas – têm,

---

35. R. Alexy, *Theorie der Juristischen Argumentation*, op.cit., p.263-72, n.18.

36. Essas vinculações são expressas por meio das regras e formas específicas do discurso jurídico (R. Alexy, ibid., p.273-367, n.18).

37. J. Habermas, *Faktizität und Geltung: Beiträge zur Diskurstheorie des Rechts und des demokratischen Rechtsstaats*, Frankfurt, Suhrkamp, 1994, p.287, n.55.

38. Ibid., p.283s.

39. Ibid., p.191s.

em contrapartida, por objeto "autocompreensões coletivas", o que inclui considerações de tradições e valores compartilhados.[40] Por fim, os argumentos pragmáticos dizem respeito a um ajuste de interesses concorrentes no sentido de uma "negociação de compromissos".[41] Tomadas essas diferenciações como base, então Habermas está correto com a sua tese de que o discurso jurídico não é nenhum caso especial do discurso moral, posto que o discurso jurídico está aberto não somente para argumentos morais, como também para argumentos éticos e pragmáticos. Mas isso não atinge a tese do caso especial. Esta não diz que o discurso jurídico é um caso especial do discurso moral, mas, na verdade, que ele é um caso especial do discurso "prático geral". O discurso prático geral é, contudo, um discurso no qual questões práticas são respondidas com razões não autoritativas. Estas abrangem razões tanto morais quanto éticas e pragmáticas. Dessa forma, o discurso prático geral é um discurso no qual concorrem razões morais, éticas e pragmáticas. Essa confluência está relacionada a uma vinculação sistematicamente necessária, que é expressão da unidade substancial da razão prática.[42] A pretensão de correção está relacionada, assim, a todas as três dimensões, entre as quais é atribuída prioridade para as razões morais.[43] A tese do caso especial expressa uma conexão necessária entre direito e moral porque afirma que o discurso jurídico compreende o discurso prático geral e este inclui necessariamente o discurso moral.

Teoria dos princípios

O sistema do constitucionalismo democrático permaneceria incompleto sem a teoria dos princípios. A base da teoria dos princípios é a diferenciação teórico-normativa entre regras e princípios.[44] Princípios são mandamentos de otimização. Eles exigem que algo seja realizado na maior medida possível relativamente às possibilidades fáticas e jurídicas. Sua forma de aplicação é a ponderação. Regras são, ao contrário, normas que obrigam, proíbem ou permitem algo definitivamente. Nesse sentido, elas são mandamentos definitivos. Sua forma de aplicação é a subsunção.

A teoria dos princípios é o sistema de implicações dessa distinção. Essas implicações dizem respeito a todos os âmbitos do direito. Conforme exposto, isso se aplica para o próprio conceito de direito. Nesse domínio, a correta

---

40. Ibid., p.139.
41. Idem.
42. R. Alexy, "The special case thesis", *Ratio Juris* 12, 1999, p.379.
43. R. Alexy, "Thirteen replies", op.cit., p.355, n.7.
44. R. Alexy, *Theorie der Juristischen Argumentation*, op.cit., p.75s.

composição entre os princípios da segurança jurídica e da justiça exige que a injustiça extrema não possa ser direito, embora, abaixo desse nível, a injustiça não elimine o caráter de direito ou a validade jurídica.

QUESTÕES E TEMAS PARA DISCUSSÃO

1. Explique o conceito de pretensão de correção segundo Alexy. Por que o exemplo da constituição que se declara injusta e o exemplo do juiz que declara estar fazendo uma interpretação falsa do direito não configuram meros erros convencionais, morais ou técnicos, mas sim contradições?
2. Como Alexy utiliza a fórmula de Radbruch em sua teoria? Quais são as respostas de Alexy para Kelsen, Joseph Raz e Andrei Marmor?
3. O que significa dizer que o discurso jurídico é um caso especial do discurso prático geral?
4. No texto de Alexy aqui reproduzido, ele explica princípios como mandamentos de otimização. Procure uma decisão jurídica que faça uso da teoria de Alexy sobre os princípios e descreva como ela foi utilizada.
5. Você acha que o jusnaturalismo de Alexy é mais convincente que as posições de direito natural anteriormente descritas? Ou menos? Justifique a sua resposta.

LEITURAS SUGERIDAS

Alexy, Robert. *Teoria discursiva do direito*. São Paulo, Forense, 2014.

_____. *Teoria da argumentação jurídica*. São Paulo, Forense, 3ª ed. 2011.

_____. *Teoria dos direitos fundamentais*. São Paulo, Malheiros, 2ª ed. 2011.

_____. *Conceito e validade do direito*. São Paulo, WMF Martins Fontes, 2009.

_____. "Entrevista a Robert Alexy" (por Manuel Atienza), *Doxa: Cuadernos de Filosofía del Derecho* 24, 2001, p.670-87.

Andréa, Fernando de. *Robert Alexy: introdução crítica*. São Paulo, Forense Universitária, 2013.

WALUCHOW

Wilfrid J. Waluchow, ou apenas Wil Waluchow, formou-se em filosofia pela Universidade de Western Ontario e realizou o doutorado em filosofia do direito na Universidade de Oxford, onde teve a oportunidade de ser o último aluno orientado por H.L.A. Hart. Waluchow decidiu se dedicar à filosofia do direito depois de ter cursado uma disciplina sobre o tema e ficar fascinado pelas discussões travadas nessa área capaz de engajar o exercício filosófico mais profundo com questões sociais. Pensar sobre a natureza de sistemas jurídicos e como juízes raciocinam e formam julgamentos não só era fascinante como tinha uma alta relevância prática, e, mudando seus planos iniciais de advocacia, ele decidiu então se tornar um filósofo com conhecimentos de direito. Atualmente professor do Departamento de Filosofia da Universidade McMaster – onde possui o prestigioso título de Senator William McMaster Chair in Constitutional Studies, conferido a ele pela excelência na pesquisa e dedicação à educação –, tem dedicado a sua vida aos problemas centrais da filosofia do direito.

Dentro da filosofia do direito, seus dois principais focos de estudo são a filosofia geral do direito e a filosofia do direito constitucional. Neste último campo, seu principal trabalho é o livro *A Common Law Theory of Judicial Review: The Living Tree* (2007). Nele Waluchow defende o controle judicial de constitucionalidade baseado numa carta de direitos fundamentais. Muitos críticos rejeitam essa proposta caracterizando-a como autoritária e antidemocrática. Afinal, não seria democrático que juízes não eleitos pudessem determinar, com base em uma suposta moralidade platônica, quais as normas que são ou deixam de ser compatíveis com a constituição. Mas Waluchow defende que juízes podem e devem fazer o controle de constitucionalidade de uma forma democrática desde que concebam cartas de direitos de uma maneira diferente: não mais como pontos fixos de referências estabelecidos por uma moralidade platônica, mas sim como "árvores vivas". Juízes devem recorrer à moralidade da comunidade, que deve ser descoberta por meio de um exercício de equilíbrio reflexivo. Essa moralidade, que é flexível e não estática e reflete os compromissos morais mais profundos da comunidade, é garantidora da democracia e não sua inimiga – e é a ela que as cartas de direitos fundamentais remetem. Segundo Waluchow, por meio desse tipo de leitura das cartas de direitos, juízes garantiriam que o sistema jurídico apresentasse as virtudes tão caras a H.L.A. Hart: estabilidade e adaptabilidade.

Dentro do segundo tópico mencionado, a filosofia geral do direito, a principal contribuição de Waluchow foi ajudar na identificação das diferentes versões do positivismo jurídico. Foi Waluchow quem cunhou a expressão "positivismo inclusivo" e quem primeiro consolidou essa posição, que se contrapõe ao positivismo exclusivo. Seu livro *Inclusive Legal Positivism* (1994) foi derivado de sua tese de doutorado desenvolvida em Oxford. Após um início turbulento, sob orientação de R.M. Hare, os estudos de Waluchow mostraram-se extremamente frutíferos. Defendendo as teses de Hart, seu orientador, em face das críticas de Ronald Dworkin, com quem também se reuniu algumas vezes, ele avançou o projeto hartiano por meio de seu positivismo inclusivo, que guarda conexões estreitas com o positivismo suave (apresentado por Hart no texto que desenvolvia na época, o Pós-escrito a *O conceito de direito*).

POSITIVISMO JURÍDICO, INCLUSIVO × EXCLUSIVO
A divisão no positivismo jurídico contemporâneo

O texto selecionado diz respeito ao debate contemporâneo entre positivistas jurídicos inclusivos e exclusivos. Diferentemente do restante dos textos em nossa coletânea, este é reproduzido na íntegra. Trata-se de um breve verbete feito por Waluchow para a *Enciclopédia Routledge de Filosofia* – autocontido, portanto, possuindo começo, meio e fim e a pretensão de ser uma apresentação didática do assunto para não iniciados.

Uma das grandes virtudes desse verbete é introduzir o pensamento de outros autores importantes da filosofia do direito contemporânea, como Ronald Dworkin e Joseph Raz. O primeiro, aliás, foi o grande responsável por provocar esse debate no campo do positivismo jurídico que deu origem à cisão entre positivistas exclusivos e inclusivos. Dworkin, em seu "Modelo de regras I", publicado no livro *Levando os direitos a sério*, lança um desafio à concepção de Hart segundo a qual o direito seria constituído apenas por regras primárias e secundárias. Para ele, o grande erro de Hart foi não se dar conta de que o principal ingrediente do direito são os princípios.

Uma das estratégias de Dworkin para defender essa posição envolveu a apresentação do famoso caso Riggs × Palmer (e de outros que seguiam na mesma linha). Elmer Palmer assassinou seu avô com o objetivo de obter mais rapidamente a herança que lhe estava destinada em testamento. A legislação de Nova York, onde o crime ocorreu, não previa qualquer exceção para o caso de assassinato e, se apenas a lei fosse aplicada, apesar de preso Elmer Palmer deveria herdar a fortuna do avô. Contudo, mesmo na inexistência de lei expressa nesse sentido, a sra. Riggs, filha da vítima, foi bem-sucedida em seu propósito de invalidar o testamento junto ao tribunal. A posição do tribunal foi a de que deveria vigorar o princípio segundo o qual ninguém pode enriquecer a partir de seu próprio ato ilícito.

Ao aplicar esse princípio, segundo Dworkin, os juízes estavam aplicando o direito e reconheciam a sua atividade como tal. Mais fundamentalmente ainda, apesar de ser direito, tal princípio não poderia ser explicado recorrendo-se à noção de regra de reconhecimento apresentada por Hart, que seria uma regra social e convencional. O princípio invocado fazia parte do direito não porque passou por qualquer tipo de teste convencional, mas sim pelo seu apelo moral – e para Dworkin a participação da moral no direito não pode ser explicada por uma regra social convencional como a regra de reconhecimento.

O desafio de Dworkin provocou um grande embate entre os positivistas, que foram obrigados a revisitar e esclarecer o que pretendiam por meio da "tese social" – segundo a qual a existência e o conteúdo do direito dependem, em última análise, exclusivamente de fatos sociais – e da "tese da separação", segundo a qual a tese da conexão entre direito e moral é falsa. Todos os positivistas se distinguem dos jusnaturalistas por rejeitarem a tese da conexão necessária entre direito e moral: os positivistas acreditam na possibilidade de existência de sistemas jurídicos injustos. Mas uma ambiguidade deveria ser sanada. Afinal, essa rejeição poderia ser lida de duas maneiras, e a crítica de Dworkin provocou a escolha de lados acerca de sua leitura mais adequada.

Rejeitar a conexão entre direito e moral pode significar (1) que direito e moral não estão necessariamente conectados, mas que podem estar contingentemente conectados, ou (2) que direito e moral necessariamente não estão conectados. No primeiro caso, não é necessário que a regra de reconhecimento incorpore critérios morais, mas se ela faz isso então direito e moral passam a estar contingentemente atrelados. No segundo caso, defende-se que a regra de reconhecimento nunca pode incorporar critérios morais. Os adeptos de (1) são os positivistas inclusivos, que defendem a tese da "separabilidade" entre direito e moral, enquanto os adeptos de (2) são os positivistas exclusivos, que defendem a tese da separação forte entre direito e moral.

O apelo do positivismo inclusivo salta aos olhos quando nos damos conta de que praticamente todos os países possuem uma constituição ou carta de direitos fundamentais contendo princípios formulados em uma linguagem moralmente carregada. Se constituições são construídas dessa forma, então a moral chancelada por elas passa a fazer parte do sistema jurídico porque assim foi escolhido ou convencionado. Para tomarem decisões jurídicas, juízes desses sistemas devem recorrer à moralidade encampada pela constituição, que passa a fazer parte do material jurídico.

Apesar do apelo de tal posição, devemos deixar claro que positivistas exclusivos estão longe de serem ingênuos. É claro que eles percebem que as constituições contemporâneas fazem uso de uma linguagem moral. Entretanto, de acordo com eles, a mera incorporação de uma linguagem moral não faz com que a moral passe a fazer parte do direito. Conforme mostra Waluchow, positivistas exclusivos como Joseph Raz e Scott Shapiro rejeitam que a moral faça parte do direito com base, respectivamente, nos argumentos de que o direito necessariamente clama por autoridade e de que o direito tem uma pretensão de exercer uma diferença prática.

Por fim, uma boa pergunta que poderia ser feita é a seguinte: é necessariamente o caso de que o positivista inclusivo não pode ser um cético moral e de que o positivista exclusivo tem que ser um cético moral? Entendemos que o positivista inclusivo não pode ser um cético moral, aquele que suspende o juízo sobre a verdade ou falsidade de proposições morais. Parece que só faz sentido defender o positivismo inclusivo quando se acredita que a moral é capaz de oferecer resultados determinados: se existem fatos morais capazes de determinar a verdade ou falsidade de proposições morais. Aceitar que a moral pode fazer parte do direito faz sentido se você acredita que a moral é capaz de convalidar regras, decisões e atos como sendo jurídicos. Essa parece ser a posição de Hart no seu mencionado Pós-escrito, e o próprio reconhece que o seu sucesso depende da capacidade de determinação da moralidade.

Todavia, não parece ser o caso de que os positivistas exclusivos tenham que ser necessariamente céticos morais. Um positivista exclusivo pode ter uma concepção sobre a moralidade segundo a qual a mesma é determinada e ainda assim preferir o exclusivismo por seu potencial explicativo e descritivo. Basta, para tanto, que ele entenda que, na prática, o que ocorre quando o direito incorpora uma linguagem moral é que juízes vão aplicar as suas respectivas preferências morais diante de certos casos, e que suas decisões continuam sendo consideradas como direito. Sendo assim, a melhor leitura para ser atribuída aos critérios morais invocados pelo direito é a de que os mesmos funcionam como normas que transferem poderes para os juízes decidirem da maneira que lhes convier. Trata-se de uma análise mais dura e realista do que efetivamente acontece em sistemas jurídicos que incorporam uma linguagem moralmente carregada. Decisões não são desclassificadas como jurídicas quando erram do ponto de vista moral.

1. O positivismo jurídico e a teoria do direito natural

Entre as antigas tradições da filosofia se encontra o debate clássico entre duas escolas da teoria do direito: teoria do direito natural e positivismo jurídico. Em sua forma tradicional, a primeira afirma que o direito humano é uma tentativa de expressar uma lei moral universal, decretada por Deus e discernível por meio da razão humana. Todas as leis humanas válidas são, de diversas maneiras, derivadas do direito natural; e aquelas que não o são passam a ser consideradas "corrupções da lei"[1] ou "atos de violência".[2] Assim, para os proponentes da teoria do direito natural, o direito e a moral estão profunda e necessariamente conectados um ao outro; e a noção de uma lei humana má, mas válida, é tão incoerente quanto a de um círculo quadrado.

Em sua forma tradicional, o positivismo jurídico afirma que o direito humano é essencialmente uma instituição social cuja existência e conteúdo são, fundamentalmente, uma questão de vontade e poder humanos, mas não de lei divina. Segundo o teórico legal inglês John Austin, qualquer lei civil é um comando de um soberano humano. Isto é, o direito existe quando alguém que é o único a gozar da obediência da maior parte de uma população expressou o desejo de que outros ajam ou deixem de agir de maneiras prescritas, e acoplou a essas expressões de vontade a ameaça de sanções caso seus desejos não sejam atendidos. Positivistas modernos via de regra rejeitam a teoria do comando de Austin, substituindo os comandos do soberano por um conjunto de normas (por exemplo: regras, princípios e *standards* variáveis) cuja validade jurídica depende de convenções fundamentais ou regras sociais. Entretanto, embora a ênfase recaia agora sobre a convenção e não sobre o comando, todo positivista moderno concebe o direito como uma questão de criação humana; sua existência e conteúdo são, acima de tudo, questões de fato social. Esse compromisso básico, compartilhado por todos os proponentes do positivismo jurídico, costuma ser denominado "tese social".[3]

A segunda tese integral à tradição positivista é a famosa "tese da separação" de Austin, segundo a qual "a existência de uma lei é uma coisa, seu mérito ou demérito outra…".[4] Quaisquer conexões que possam existir entre o direito e a moral são apenas contingentes. Não há nada na natureza do direito – enquanto uma instituição social fundada na vontade de um soberano ou em convenções sociais fundamentais – que assegure seu valor moral. É,

---

1. Ver são Tomás de Aquino. *Suma Teológica*. Questão 95, Artigo 2; várias edições.

2. Ver ibid., Questão 96, Artigo 4.

3. J. Raz. *The Authority of Law*. Oxford, Oxford UP, 1979.

4. J. Austin. *The Province of Jurisprudence Determined*. Londres, Weidenfeld & Nicholson, 1954 [1832], Preleção 5.

portanto, possível haver leis profundamente imorais e regimes jurídicos perversos. Os "atos de violência" de Aquino podem, não obstante, ser leis válidas de acordo com o modelo positivista.

Apesar de um compromisso compartilhado com a tese social e a tese da separação, os defensores do positivismo jurídico divergem significativamente em sua compreensão dessas teses fundamentais. Já observamos a cisão entre Austin e seus descendentes positivistas sobre a plausibilidade da teoria do comando como uma explicação adequada da tese social. Desde a crítica devastadora de H.L.A. Hart a Austin, a maioria dos positivistas afirma que o verdadeiro teste de validade jurídica reside não na vontade de um soberano, mas em algo como a "regra de reconhecimento" de Hart, a regra social fundamental cujos critérios determinam as leis válidas dentro de um sistema jurídico particular.[5] A conexão entre a regra de reconhecimento de Hart e a tese social é manifesta na natureza convencional da primeira: sua existência e conteúdo são questões de puro fato social – questões sobre os critérios que são de fato aceitos por autoridades jurídicas em sua prática de estabelecer a validade jurídica. A conexão com a tese da separação é igualmente clara. Não há nada na simples noção de uma regra social de reconhecimento que assegure o mérito moral da lei que ela valida. Mais importante, nada exige que o mérito moral seja incluído como uma condição de validade jurídica. Os critérios aceitos podem ser tão simples e moralmente neutros quanto "Tudo que a rainha promulgue no Parlamento é lei", ou "As decisões da Suprema Corte constituem direito válido".

2. O desafio de Dworkin

Embora os positivistas contemporâneos costumem concordar quanto à melhor maneira de interpretar a tese social, o mesmo não pode ser dito em relação à tese da separação. Em resposta à crítica de Ronald Dworkin ao positivismo de Hart,[6] defensores do positivismo jurídico se dividiram em dois campos principais: "positivismo jurídico inclusivo" (por vezes chamado "positivismo suave" ou "incorporacionismo") e "positivismo jurídico exclusivo" (também conhecido como "positivismo duro" ou "a tese das fontes"). Defensores deste último incluem Joseph Raz, Andrei Marmor e Scott Shapiro, e entre os do primeiro estão Hart, Jules Coleman, Matthew Kramer e Wil Waluchow. Uma das principais críticas feitas por Dworkin a Hart foi a de que o "modelo de regras" deste último não possui capacidade teórica

---

5. H.L.A. Hart. *The Concept of Law*. Oxford, Oxford UP, 1994 [1961].
6. R.M. Dworkin. *Taking Rights Seriously*. Londres, Duckworth, 1978.

para explicar o uso corrente de princípios dentro das decisões judiciais.[7] Não só tais princípios são amplamente usados, sustentou Dworkin, como são considerados pelos juízes como lei de observância obrigatória. No entanto, isso ocorre não porque satisfaçam a critérios de validade contidos numa regra convencional de reconhecimento, mas porque (na visão do juiz que os emprega) expressam um ideal de justiça, equidade ou devido processo legal – um ideal que claramente não pode ser estabelecido de maneira independente de um argumento moral, substantivo e contestável. Assim, tanto a tese da separação quanto a interpretação da tese social em termos de sua regra convencional de reconhecimento são incompatíveis com o tratamento de princípios jurídicos enquanto normas de observância obrigatória. Em vez disso, Hart deve relegar princípios ao domínio de *standards* não jurídicos a que os juízes podem recorrer, mas não precisam recorrer, quando exercem seu poder discricionário para preencher as lacunas deixadas pelo direito válido (ou seja, quando uma lei relevante é indeterminada e nenhuma outra fonte *jurídica* pode ser invocada para resolver a indeterminação). Mas essa relegação, Dworkin insiste, é algo a se evitar. Devemos, portanto, rejeitar o modelo de regras de Hart – e as teses da separação e social – em favor da teoria interpretativa do direito de Dworkin, dentro da qual a legalidade é parcialmente determinada por princípios morais que situam as práticas jurídicas sob a sua melhor luz moral.[8]

3. *Positivismo inclusivo e exclusivo*
Em resposta à crítica de Dworkin a Hart, defensores do positivismo jurídico empregaram uma ampla variedade de estratégias. A maioria deles, contudo, concentrou-se na interpretação da tese da separação proposta por Dworkin, afirmando que este deixa de distinguir duas proposições muito diferentes:

A. Como uma questão de necessidade conceitual, a validade jurídica de uma norma nunca pode ser uma função de sua compatibilidade com princípios ou valores morais.
B. É conceitualmente possível, mas de forma alguma necessário, que a validade jurídica de uma norma seja de alguma maneira uma função de sua compatibilidade com princípios ou valores morais.

Segundo a proposição A, que poderíamos chamar de tese da separação forte, a legalidade e a moralidade são *necessariamente* separadas uma da ou-

---

7. Idem.
8. Ibid.; R.M. Dworkin. *Law's Empire*. Cambridge, Harvard UP, 1986.

tra; argumentos morais nunca podem ser usados para determinar o que é o direito, somente o que ele deveria ser. De acordo com a proposição B, que pode ser chamada de tese da separabilidade, a legalidade e a moralidade são somente *separáveis*, não necessariamente separadas. As duas podem ser unidas caso as condições corretas prevaleçam, ou seja, se a norma de reconhecimento de uma sociedade incluir a conformidade com um princípio moral, tal como o princípio da equidade, como uma condição de validade jurídica. Positivistas inclusivos rejeitam a tese da separação forte, mas endossam plenamente a tese da separabilidade. Em resposta à afirmação de Dworkin de que às vezes argumentos morais figuram nas tentativas de determinar leis de observância obrigatória, defensores do positivismo inclusivo respondem: sim, mas isso não ocorre necessariamente. Embora não haja nada na natureza do direito (tal como caracterizada pelas teses social e da separabilidade) *exigindo* o uso de argumentos morais para determinar legalidade, não há tampouco nada que *proíba* o seu uso – como o próprio Hart reconheceu. Hart deixou claro que a regra de reconhecimento pode ser tão austera quanto "Tudo que a rainha promulgue no Parlamento é lei", uma regra que separa a legalidade de toda e qualquer condição moral. Mas do mesmo modo deixou claro que "em alguns sistemas jurídicos, como nos Estados Unidos, o critério supremo de validade jurídica incorpora explicitamente princípios de justiça ou valores morais substantivos".[9] Tais critérios formam uma regra de reconhecimento em que propriedades separáveis da legalidade e da moralidade são unidas, fazendo com que uma seja uma condição da outra.

Portanto, os positivistas inclusivos rejeitam a tese da separação forte e a asserção de Dworkin de que ela reflete os compromissos teóricos do positivismo jurídico. Outros positivistas jurídicos, sobretudo Joseph Raz, concordam com Dworkin no tocante aos compromissos teóricos do positivismo jurídico e se dispõem a defender sua teoria – o positivismo exclusivo – tanto contra a crítica de Dworkin quanto contra a afirmação de seus homólogos inclusivos de que a tese da separabilidade fornece uma explicação suficiente dos compromissos teóricos do positivismo. Em resposta a Dworkin, positivistas exclusivos admitem que muitos princípios de fato figuram como lei de observância obrigatória, mas sustentam que o status desses princípios pode ser explicado em termos de critérios moralmente neutros que não fazem menção alguma ao valor moral. Muitos princípios jurídicos surgem por meio de promulgação nos preâmbulos de estatutos e constituições.[10] Um princípio pode também se "cristalizar" em lei quando – e porque – é aplicado por juízes em um número

---

9. H.L.A. Hart. *The Concept of Law*, op.cit., p.204.

10. J. Raz. "Legal principles and the limits of law", *Yale Law Journal* n.81, 1972, p.823.

suficiente de casos. No entanto, outra estratégia exclusivista é distinguir entre (a) critérios morais de validade jurídica e (b) regras jurídicas que autorizam os juízes a recorrer a normas não jurídicas – neste caso, moralidade – para invalidar leis que de outra maneira são válidas. A diferença é a que se segue. De acordo com um positivista inclusivo, é perfeitamente possível que a cláusula de devido processo legal (equidade) da constituição dos Estados Unidos estabeleça uma condição moral para a validade jurídica. Se ela o fizer, então qualquer estatuto ou decisão judicial que viole o princípio da equidade é de fato uma lei inválida nos Estados Unidos. Como os positivistas exclusivos estão impedidos de admitir um princípio moral para servir como um critério de validade jurídico dessa maneira, eles devem construir uma explicação alternativa da cláusula de devido processo legal. Segundo o positivista exclusivo, essa cláusula não incorpora o princípio moral da equidade no direito como uma condição de validade; em vez disso, ela fornece aos juízes um *poder dirigido para invalidar* uma lei ou precedente que, antes do exercício desse poder num caso jurídico, é inteiramente válido. A diferença entre as duas explicações é análoga à diferença entre um contrato nulo e um contrato anulável. O primeiro não tem força nem efeito; o segundo pode vir a ter o mesmo status, mas somente se a parte inocente exercer o seu poder jurídico para que o contrato seja anulado. Até o momento em que o poder de anular for exercido, um contrato anulável é de observância obrigatória. Segundo o positivismo exclusivo, esse conflito significa apenas que a lei está "sujeita a invalidação (anulável)" – sendo a única interpretação compatível com a tese da separação.[11]

Por isso, defensores do positivismo exclusivo insistem resolutamente na tese da separação forte, segundo a qual o mérito moral de um padrão normativo nunca pode figurar entre as condições de seu status enquanto norma juridicamente válida. Em defesa desta afirmação muitos argumentos foram apresentados. O mais poderoso e influente é o de Joseph Raz, segundo o qual a tese da separabilidade solapa o poder do direito de servir como uma autoridade prática.

4. O *argumento da autoridade de Raz*
Segundo Raz, a reivindicação de autoridade prática justificada sobre uma população está na própria natureza de um sistema jurídico. Para que essa reivindicação seja inteligível, um sistema jurídico deve ser o tipo de coisa capaz de exercer autoridade. Mas o que é ter autoridade? Em resposta, Raz desenvolve a "concepção de autoridade como serviço".[12] Considere o seguinte. Cada

---

11. J. Raz. *The Concept of a Legal System*. Oxford, Oxford UP, 2ª ed. 1980, apêndice.

12. J. Raz. "Authority and justifications", *Philosophy and Public Affairs* n.14, 1985, p.3; "Authority, law and morality", *The Monist* n.68, 1985, p.295.

um de nós se depara constantemente com a questão: "O que devo fazer?" Em resposta recorremos com frequência a razões para fazermos uma coisa e não outra. Geralmente, essas razões são prudenciais ou morais. Chamemo-las "razões de primeira ordem". Em muitas situações ponderamos as razões de primeira ordem aplicáveis umas contra as outras e decidimos com base no equilíbrio de razões. Ao decidirmos assim, nos vemos agindo em conformidade com a "razão correta". Algumas vezes, contudo, a razão sugere que não deveríamos nós mesmos tentar agir *diretamente* com base no equilíbrio de razões de primeira ordem. É aí que a autoridade entra. Algumas vezes a razão correta dita que ajamos em conformidade com uma *razão de segunda ordem* que reflete o julgamento de outra pessoa sobre as razões de primeira ordem relevantes. Muitas vezes a razão relevante de segunda ordem será uma diretiva emitida por uma autoridade, digamos um conselheiro financeiro se estivermos tomando decisões relativas a investimentos, ou um padre se estivermos tentando responder a uma questão moral difícil. Na explicação de Raz, Y (normalmente) está justificado a aceitar as diretivas de X como dotadas de autoridade quando Y tem maior probabilidade de agir de acordo com a razão correta ao seguir as diretivas de X do que ao tentar agir diretamente com base no equilíbrio de razões de primeira ordem. A autoridade fornece um tipo de "razão excludente" – uma razão que exclui, e substitui, as razões relevantes de primeira ordem. Na visão de Raz, fornecer esse "serviço" – emitir razões de segunda ordem que reflitam o equilíbrio adequado de razões de primeira ordem – faz parte do papel usual de uma autoridade.

Segue-se da explicação de autoridade de Raz que, para que o direito seja capaz de ter a autoridade que necessariamente reivindica, suas diretivas devem ser razões de segunda ordem destinadas a substituir as razões de primeira ordem que se aplicam a seus cidadãos. Mas por que haveria alguém de querer um sistema jurídico cujas diretivas substituam razões de primeira ordem? Há dois motivos principais. Primeiro, por vezes todos nós temos razões de primeira ordem para contribuir para a realização de certos bens públicos – como educação, assistência médica e segurança. Se cada um de nós fosse agir de maneira independente em busca de tais bens, o resultado provável seria o fracasso total. Sua realização requer um tipo de ação coordenada, coletiva, que é quase impossível de se conseguir na ausência de instituições públicas criadas e governadas por lei. Assim, somos muitas vezes mais capazes de alcançar nossas metas coletivas se agirmos com base em razões de segunda ordem estabelecidas por diretivas legais publicamente acessíveis e executáveis. Quando essas diretivas são bem projetadas e administradas, ficamos muito mais aptos a alcançar o que a razão correta nos exige – o fornecimento de níveis decentes de educação, saúde e segurança – se seguirmos as diretivas do direito do que se tentarmos agir individualmente com base em razões de primeira ordem sem a estrutura coordenadora do direito. Nessas circunstâncias se justifica que nos submetamos à autoridade do direito. Uma segunda razão para querer um sistema de diretivas legais é o fato de que o direito por vezes sabe melhor, ou pelo menos tem o tempo, a energia e os recursos para determinar o que é melhor. Da mesma forma que eu poderia estar justificado em agir com base no conselho de meu consultor financeiro em vez de tentar adivinhar sozinho os mistérios do mercado, eu poderia estar justificado em me deixar guiar pela tentativa do direito, falando em nosso favor, de discernir as exigências relevantes da razão correta.

Agora vem um passo decisivo no raciocínio de Raz acerca da autoridade. Se diretivas legais dotadas de autoridade devem cumprir seu papel guiando-nos no caminho da razão correta, a identificação e interpretação dessas diretivas não podem depender de nossa consideração sobre as razões de primeira ordem que elas pretendem substituir. Mas é precisamente isso que acontece, pensa Raz, se aceitamos o positivismo jurídico inclusivo. Uma lei, como uma diretiva dotada de autoridade de segunda ordem, pretende substituir *quaisquer* razões prudenciais e morais que se aplicam a nós nas circunstâncias por ela reguladas. Mas se sua identidade como diretiva legal válida depende de sua conformidade com um princípio moral como equidade – uma razão moral –, então sua identidade como uma diretiva dotada de autoridade dependerá das próprias razões que ela pretende excluir e substituir. Teremos de deliberar acerca de pelo menos algumas daquelas razões de primeira ordem para determinar se a lei é válida e, portanto, dotada de autoridade. Mas nesse caso poderíamos muito bem ter dispensado a lei por completo, e alternativamente agido com base nas razões de primeira ordem relevantes, inclusive a equidade. Portanto, conclui Raz, o positivismo jurídico inclusivo é incompatível com a autoridade do direito. Positivistas inclusivos formularam vigorosas e multifacetadas respostas para o argumento da autoridade de Raz. Coleman e Waluchow ressaltam, por exemplo, que as razões morais substituídas por uma diretiva legal não precisam ser idênticas aos fatores morais invocados para contestar a sua validade.[13] No caso paradigmático sobre o aborto,[14] a Suprema Corte do Canadá declarou inconstitucionais as regras do Código Criminal que governavam o aborto, porque violavam os direitos morais à equidade de procedimento garantidos pela Carta. Mas quaisquer

---

13. J. Coleman, "Incorporationism, conventionality and the practical difference thesis", *Legal Theory* n.3, 1998, p.381; W.J. Waluchow. *Inclusive Legal Positivism*. Oxford, Oxford UP, 1994; "Authority and the practical difference thesis: a defense of inclusive legal positivism", *Legal Theory* n.6, p.45, 2000.

14. "R.V. Morgentaler", *Supreme Court Reports* 30, 1985.

que pudessem ter sido as razões de primeira ordem subjacentes a essas regras relativas ao aborto (ou seja, um direito à vida *versus* direitos à integridade física e autonomia), elas não eram razões de equidade de procedimento. Coleman tenta ainda fazer face à contestação de Raz distinguindo entre duas funções de uma regra de reconhecimento: uma função de *identificação* e uma função de *validação*, sugerindo que o argumento da autoridade de Raz requer apenas que as regras empregadas por "pessoas comuns" para identificar uma lei válida não façam referência às razões morais excluídas.[15] Como é raro que uma regra de reconhecimento seja usada por qualquer pessoa comum para identificar leis válidas, o fato de que isso poderia exigir o apelo a razões de primeira ordem excluídas não representa qualquer ameaça para a autoridade do direito. Waluchow, por sua vez, tem como alvo diretamente a concepção de autoridade de Raz, argumentando que nada há na natureza de uma diretiva dotada de autoridade que nos impeça de consultar alguma vez qualquer das razões de primeira ordem relevantes. É possível que pelo menos algumas delas possam figurar de várias maneiras em tentativas de determinar a identidade e o conteúdo de uma diretiva que permanece, apesar disso, dotada de autoridade.[16] Orientação dotada de autoridade pode ser parcial.

5. A tese da diferença prática

Embora o argumento da autoridade de Raz continue sendo o desafio mais poderoso ao positivismo jurídico inclusivo, um desafio mais recente, de Scott Shapiro, levou a outras divisões dentro do campo inclusivo. Shapiro afirma que o positivismo inclusivo é incompatível com a "tese da diferença prática", isto é, a afirmação de que "para serem lei, pronunciamentos dotados de autoridade devem em princípio ser capazes de fazer uma diferença prática: uma diferença ... na estrutura ou conteúdo de deliberação e ação".[17] Considere uma regra de reconhecimento que cite a conformidade com algum princípio moral como uma condição de validade de uma regra jurídica. Não podemos, afirma Shapiro, ser guiados por esta última da maneira como se supõe que diretivas dotadas de autoridade nos guiam. Devido ao fato de que devemos consultar os princípios morais, ou seja, as razões de primeira ordem que a regra se destinava a substituir, a regra não pode nos guiar. Ela não tem como fornecer nem orientação motivacional

---

15. J. Coleman. "Authority and reason", *in* R. George (org.), *The Autonomy of Law*, Oxford, Oxford UP, 1996; *The Practice of Principle*. Oxford, Oxford UP, 2001.

16. W.J. Waluchow. *Inclusive Legal Postivism*, op.cit.; "Authority and the practical difference thesis", op.cit.

17. J. Coleman, "Incorporationism, conventionality and the practical difference thesis", op.cit., p.383.

nem epistêmica e não pode, portanto, fazer uma diferença prática.[18] Isto é verdade, afirma Shapiro, quer a conformidade com um princípio moral seja considerada uma condição necessária ou uma condição suficiente para a validade jurídica. Em resposta ao argumento de Shapiro, positivistas inclusivos declararam sua adesão a uma ou outra das duas possibilidades contempladas por ele, introduzindo assim uma divisão adicional entre defensores do positivismo jurídico. Segundo Jules Coleman, somente a versão "suficiente" do positivismo inclusivo é capaz de se defender da afirmação original de Dworkin de que princípios são por vezes tratados como leis se – e porque – expressam ideais de justiça, equidade ou devido processo legal.[19] Kramer e Waluchow discordam, afirmando que a versão da suficiência em qualquer forma abrangente é insustentável e que a versão da "necessidade" é mais do que capaz de fazer face à contestação de Dworkin.[20] Neste estágio, é ainda uma questão em aberto para onde os presentes debates nos conduzirão em última instância. Mas para onde quer que nos conduzam, é provável que o resultado seja uma compreensão das teses social e da separabilidade muito melhor do que havia antes que Dworkin instigasse os positivistas a considerar mais profundamente seus próprios compromissos teóricos.

QUESTÕES E TEMAS PARA DISCUSSÃO

1. Explique por que positivistas inclusivos e exclusivos, apesar de suas diferenças, ainda podem ser considerados positivistas.
2. Quais são as críticas de Dworkin ao positivismo que deram origem ao debate exclusivo × inclusivo? Explique.
3. Como positivistas inclusivos e exclusivos interpretam a tese dos fatos sociais e a tese da separação?
4. Explique e compare os principais argumentos a favor do positivismo exclusivo oferecidos por Raz e Shapiro.
5. Se tivesse que optar entre o positivismo inclusivo e o positivismo exclusivo, qual seria a sua escolha? Qual teoria é a mais convincente? Justifique.

---

18. S. Shapiro, "On Hart's way out", *Legal Theory* n.4, 1998, p.469; "The difference that rules make", *in* Brian Bix (org.), *Analysing Law*, Oxford, Oxford UP, 1998.

19. J. Coleman, "Incorporationism, conventionality and the practical difference thesis", op.cit.

20. M. Kramer, "How moral principles can enter into the law", *Legal Theory* n.6, 2000, p.83; W.J. Waluchow, "Authority and the practical difference thesis", op.cit.

LEITURAS SUGERIDAS

Coelho, André. "Raz: direito, autoridade e positivismo exclusivo", website Filósofo Grego, http://aquitemfilosofiasim.blogspot.com.br/2012/11/raz-direito-autoridade-e-positivismo.html. Postado em 20 nov 2012.

____. "O positivismo jurídico depois de Dworkin", palestra, website Filósofo Grego, http://aquitemfilosofiasim.blogspot.com.br/2014/01/video-da-minha-palestra-o-positivismo.html. Postado em 2 jan 2014.

Dworkin, Ronald. *Levando os direitos a sério*. São Paulo, WMF Martins Fontes, 3ª ed. 2010.

____. *O império do direito*. São Paulo, Martins Fontes, 3ª ed. 2014.

Macedo Jr., Ronaldo Porto. *Do xadrez à cortesia: Dworkin e a teoria do direito contemporânea*. São Paulo, Saraiva, 2013.

Moreso, José Juan. "El positivismo jurídico, la aplicación del derecho y la interpretación de la Constitución", *in* Dimitri Dimoulis e Écio Oto Duarte (orgs.), *Teoria do direito neoconstitucional: superação ou reconstrução do positivismo jurídico?*. São Paulo, Método, 2008, p.267-84.

Raz, Joseph. *A moralidade da liberdade*. Rio de Janeiro, Campus-Elsevier, 2011.

Struchiner, Noel e Fábio Perin Shecaira, "Tentando fincar raízes em areia movediça: algumas dificuldades com a concepção de Waluchow sobre uma verdadeira moral da comunidade", *in* Noel Struchiner e Rodrigo de Souza Tavares (orgs.), *Novas fronteiras da teoria do direito: da filosofia moral à psicologia experimental*. Rio de Janeiro, PUC-Rio/PoD Editora, 2014.

Waluchow, Wilfrid J. *Positivismo jurídico incluyente*. Madri: Marcial Pons, 2007.

____. *Uma teoría del control judicial de constitucionalidad basada en el common law: Un árbol vivo*. Madri, Marcial Pons, 2009.

____. "O encontro da filosofia analítica com a metáfora: a 'árvore viva' da interpretação judicial", *in* Noel Struchiner e Rodrigo de Souza Tavares (orgs.), *Novas fronteiras da teoria do direito: da filosofia moral à psicologia experimental*. Rio de Janeiro, PUC-Rio/PoD Editora, 2014.

SCHAUER

Frederick Schauer nasceu em 1946 em Newark, Nova Jersey. Formado em Ciência Política e Teoria Política com concentração em Finanças, em 1972 recebeu o título de *Juris Doctor* (J.D.) da Harvard Law School. Após um curto período advogando, passou a se dedicar mais à vida acadêmica. Foi professor de direito e ciência política em diversos lugares, incluindo a Universidade de Chicago, Universidade de Michigan, Universidade de Harvard (de cuja John F. Kennedy School of Government foi reitor acadêmico, entre 1997 e 2002) e Universidade de Virgínia (onde está desde 2008). É autor de diversos livros e artigos acadêmicos sobre liberdade de expressão, direito constitucional, raciocínio jurídico e filosofia do direito.

Schauer nem sempre atuou na área de filosofia do direito em sentido estrito. Sem qualquer tipo de formação tradicional em filosofia ou treinamento formal na área, encaminhou-se para a filosofia do direito por uma decorrência natural de suas preocupações práticas com questões jurídicas. Os primeiros trabalhos lidavam com a questão da liberdade de expressão e seus limites e isso o levou a trabalhar com o tema da interpretação constitucional. Seu interesse pelo tema da interpretação, por sua vez, fez com que ele se debruçasse sobre alguns problemas da filosofia da linguagem. A principal influência nesse campo foram os filósofos da filosofia da linguagem ordinária, como Wittgenstein e Austin, assim como o autor na área do direito que melhor incorporou esses *insights*, H.L.A. Hart. O foco de Schauer na interpretação constitucional foi se ampliando para a interpretação jurídica como um todo, e a partir desse ponto passou a investigar o raciocínio, a argumentação jurídica e os elementos que diferenciam o direito de outras práticas normativas.

Apesar da ausência de formação em filosofia, foi uma espécie de autodidata extremamente bem-sucedido na área, o que pode ser atestado pelo reconhecimento de seus pares: Schauer já exerceu o cargo de vice-presidente da Sociedade Americana de Filosofia Jurídica e Política (1996-1998), foi um dos fundadores da revista *Legal Theory*, da Universidade de Cambridge, é membro do corpo editorial da Law and Philosophy Library, da editora Springer, e em 2007-2008 foi nomeado George Eastman Professor da Universidade de Oxford, desenvolvendo seus trabalhos de filosofia do direito junto ao tradicional Balliol College.

Os livros mais conhecidos de Schauer em filosofia do direito são *Playing by the Rules: A Philosophical Examination of Rule-Based Decision-Making in Law and in Life* (1991), *Profiles, Probabilities, and Stereotypes* (2003), *Thinking Like a Lawyer: A New Introduction to Legal Reasoning* (2009) e o mais recente *The Force of Law* (2015). Suas ideias suscitaram grandes debates acadêmicos e foram tema de simpósios, livros e edições especiais de periódicos. Seu trabalho sobre a natureza das regras e como as mesmas funcionam no raciocínio jurídico foi foco de um livro intitulado *Rules and Reasoning: Essays in Honour of Fred Schauer* (1999) e de uma edição especial do *Harvard Journal of Law and Public Policy* (1991), que abria com o artigo "Rules and the rule of law", de Schauer, que funciona como um resumo de ideias que são mais bem desenvolvidas em *Playing by the Rules*, obra que escolhemos para citar nessa coletânea.

JOGANDO DE ACORDO COM AS REGRAS
As regras como generalizações

As ideias principais desse livro giram ao redor de algumas perguntas cruciais: qual é o tipo de relação que existe entre as regras e o direito? É o direito necessariamente uma questão de regras? Pode o direito ser uma questão de regras? Do ponto de vista descritivo, é possível classificar o direito como uma prática de aplicação de regras? Do ponto de vista normativo, deveria o direito ser baseado em regras? Deveriam os agentes responsáveis pela tomada de decisões no âmbito jurídico ser constrangidos por regras?

Essas questões dizem respeito a aspectos conceituais, descritivos e normativos das relações entre as regras e o direito. Comecemos pela análise das perguntas conceituais e descritivas. Afinal, como podemos entender o conceito de direito e como podemos descrever o direito existente? Conforme indicado pelos dois últimos parágrafos do texto selecionado, Schauer adota uma postura positivista, mais especificamente uma postura hartiana, ao defender que o conceito de direito pode ser mais bem compreendido invocando-se a noção de regra de reconhecimento. A regra de reconhecimento última (ver p.173-4) identifica o que conta como direito válido. Schauer entende que seria conceitualmente possível imaginar uma regra de reconhecimento que indicasse que todas as normas morais também são juridicamente válidas. Contudo, isso não seria conceitualmente necessário e, do ponto de vista descritivo, vemos que nos diversos sistemas jurídicos existentes ao redor do mundo aquilo que é reconhecido como direito é apenas um subconjunto das normas existentes, ou seja, um domínio limitado de normas. Para Schauer, o conceito de direito perderia pujança explicativa se não fosse capaz de diferenciar o direito de outras esferas normativas (como a política e a moral), e seria estranho gastar tanta energia falando de uma regra de reconhecimento se ela sempre reconhecesse a totalidade do universo normativo como direito. Afinal, a dificuldade reside justamente em saber, dentro de um ambiente constituído por uma pletora de regras e normas diversas, quais são aquelas que efetivamente contam como jurídicas.

Resumindo, do ponto de vista conceitual, Schauer defende a posição positivista de que é possível diferenciar o direito de outras esferas normativas e, do ponto de vista descritivo, que o direito de fato tem se apresentado como uma espécie de domínio limitado de normas. Não é qualquer norma que conta como parte do direito, mas apenas aquele subconjunto de normas que foram reconhecidas como juridicamente válidas pela regra de reconhecimento última. Na medida em que o direito faz isso, ele é um correlato sistêmico de uma regra. Uma regra cerceia e delimita a quantidade de fatores a serem analisados por quem toma decisões, assim como o direito delimita aquelas normas que efetivamente devem informar as decisões jurídicas. Mas para entender melhor em que sentido um sistema jurídico é um análogo sistêmico de uma regra, temos que entender a própria noção de regra.

Schauer foca a sua atenção em uma categoria especial de regras: as prescritivas. Entre as regras reconhecidas pela regra de reconhecimento última, que é secundária, temos as regras primárias que prescrevem ações e comportamentos e constituem o bojo do direito existente. Essas regras prescritivas são sempre generalizações simplificadas de considerações normativas mais profundas, ou seja, são instanciações simplificadas de justificações subjacentes. Para utilizar o próprio exemplo de Schauer, a regra que proíbe a entrada de cachorros no restaurante foi criada com uma justificação em mente: evitar comportamentos capazes de criar um transtorno para os clientes dos restaurantes. Porém ela não passa de uma simplificação da sua justificação, já que é ao mesmo tempo sobreinclusiva e subinclusiva, isto é, incorpora mais casos do que a sua justificação incorporaria (ex: cão-guia) e deixa de incorporar casos que a sua justificação incorporaria (ex: bêbados inconvenientes). A existência da regra limita os fatores relevantes a serem considerados: passa a valer o fator "ser cachorro no restaurante" e não qualquer fator que seria relevante para a concretização da justificação.

Contudo, se o decisor, em cada momento decisório, puder invocar diretamente a justificação subjacente à regra, então o papel normativo da regra é eliminado, cabendo integralmente à justificação. É por isso que, em última análise, Schauer entende uma regra como uma relação de resistência entre um predicado fático e sua justificação subjacente. A possibilidade constante de ignorar o predicado fático em função de sua justificação subjacente faz com que a regra deixe de existir como uma regra e se torne uma mera sugestão. Para algo ser uma regra, faz-se necessário que seja capaz de resistir às exigências da justificação subjacente. Assim, temos que o direito é um domínio limitado não só porque não é toda e qualquer norma que é reconhecida como jurídica, como também pelo fato de a regra de reconhecimento atribuir validade jurídica a certas regras prescritivas e, conforme foi visto acima, pelo fato de as regras prescritivas elegerem apenas certos aspectos que devem ser levados em conta no momento da decisão.

Vimos que, conceitualmente, Schauer entende que o direito pode ser um domínio limitado (pode ser uma questão de regras) e do ponto de vista descritivo o direito costuma se apresentar como um domínio limitado (como um sistema de regras). Cabe discutir agora se o direito deveria ser um domínio limitado. Em que medida um domínio limitado de regras prescritivas é normativamente desejável? Há boas razões normativas para fazer a opção por um domínio limitado de regras? Lembremos que regras jurídicas prescritivas simplificam justificações subjacentes, sendo sempre atual ou potencialmente subinclusivas ou sobreinclusivas, então por que optar por elas? Será que os agentes responsáveis pela tomada de decisões no âmbito jurídico deveriam ser constrangidos por essas regras que incorporam erros de sobre e subinclusão?

Schauer levanta diversas razões normativas a favor de regras. Em primeiro lugar, ele investiga argumentos mais conhecidos e tradicionais, mas nem por isso pouco importantes, como a maior garantia de certeza, segurança e previsibilidade que as regras prescritivas são capazes de proporcionar. Certamente é mais delicado planejar condutas com segurança quando regras podem ser negligenciadas a favor da aplicação direta de justificações subjacentes. Outro argumento, ainda tradicional, a favor das regras prescritivas diz respeito à eficiência em termos de tempo e de custos que elas são capazes de gerar. Costuma ser mais fácil e rápido e exigir menos perícia decidir com base na regra (que é uma simplificação) do que diretamente com base na sua justificação subjacente. Outro argumento, ainda, é aquele da filosofia política que diz que na ausência de regras as decisões cabem a quem possui a palavra final. Sem regras não temos como garantir a separação de poderes, e a democracia corre perigo. Isso é o que aconteceria se juízes não eleitos pudessem ignorar as regras estabelecidas pelo legislativo para aplicar diretamente o que imaginam ser as suas justificações subjacentes.

Porém a contribuição mais inovadora de Schauer é o argumento segundo o qual regras configuram um mecanismo para evitar erros. Todos sabemos que regras, por serem simplificações, possuem erros embutidos de sobre e subinclusão. Todavia, se acreditamos que os erros serão mais significativos quando os responsáveis pela decisão puderem afastar as regras, então temos boas razões para querer que as mesmas sejam levadas a sério. Esse é o argumento que Schauer desenvolve no texto selecionado. É importante perceber que esse argumento depende de uma análise comparativa sobre os erros que estamos mais dispostos a tolerar em um determinado contexto: os erros de sobre e subinclusão embutidos nas regras ou aqueles que podem ser cometidos pelo afastamento das regras por parte dos decisores. Se o medo do segundo tipo de erro prepondera, então temos boas razões para defender um modelo de regras.

Schauer discorre sobre quatro modelos normativos diferentes de tomada de decisão. Esses modelos são respostas ao problema da sub e sobreinclusão e formam um contínuo separado por dois extremos: o particularismo puro e o formalismo forte. Os particularistas são aqueles com uma predisposição para afastar toda e qualquer regra incapaz de concretizar o seu propósito ou justificação subjacente. Eles aplicam diretamente o que imaginam ser a justificação na busca do melhor resultado do ponto de vista substantivo e não se sentem compelidos pela regra. No ambiente particularista, regras passam a ser meras sugestões; o importante é fazer o que é certo e as regras não podem atravancar o caminho. A vantagem do particularismo seria a sua capacidade de evitar os erros de sobre e subinclusão. No outro extremo, temos o formalismo forte, no qual o compromisso daqueles que tomam as decisões é sempre com o resultado que foi determinado pela regra. (Obviamente que tal compromisso só pode ser honrado na medida em que o predicado fático é exposto em uma linguagem clara, possuindo um significado determinado. Quando a regra é indeterminada, o recurso às justificações se torna inevitável.) Regras nunca podem ser afastadas em busca de suas justificações subjacentes. Dentro do formalismo forte, são preservadas as virtudes da certeza, segurança, previsibilidade, eficiência, separação de poderes e prevenção dos erros que poderiam ser cometidos ao se aplicar diretamente as justificações subjacentes. Por outro lado, esse modelo retém todos os erros de sobre e subinclusão embutidos nas regras, por mais absurdos que possam ser.

Entre os extremos, encontramos modelos mais sofisticados. O modelo do particularismo sensível às regras assume que por trás de regras existem, concomitantemente, justificações substantivas e formais. É a introdução deste último tipo de justificação que o diferencia do particularismo puro. Em cada situação de decisão, o particularista sensível às regras vai recorrer não só às justificações substantivas almejadas pela regra (evitar comportamentos que causem um transtorno para os clientes do restaurante, no caso da regra sobre cachorros que já vimos), mas também às razões para ter a regra na forma de regra, que podem ser resumidas, para ele, em certeza, segurança e previsibilidade. A vantagem desse modelo é que ele leva em consideração aspectos ignorados pelo particularista puro. Por outro lado, não podemos esquecer que ainda se trata de um modelo particularista, ou seja, todos os fatores formais e substantivos relevantes para a justificação subjacente são sopesadas em cada caso. Isso implica que esse modelo perde em eficiência (ele requer mais tempo, envolve mais custos e requer maior perícia) quando comparado aos modelos do particularismo puro (que só avalia os fatores relevantes para a justificação substantiva) e do formalismo forte (que nem sequer avalia as justificações subjacentes, sejam elas substantivas ou formais). Além disso, se uma das razões para se ter regras é o nosso ceticismo em relação à capacidade de decisão de certas pessoas, como vamos confiar a essas próprias pessoas a escolha sobre quando a justificação substantiva é mais ou menos relevante que a justificação formal?

O outro modelo intermediário é o do formalismo moderado (que Schauer chama de positivismo presumido). O compromisso do decisor nesse modelo é bem parecido com o do modelo formalista forte: ele se compromete a aplicar o resultado gerado pelo predicado fático. Porém, em situações em que o erro de sobre ou subinclusão é absurdo, gerando aquilo que Schauer chama de situação particularmente exigente, o formalista moderado abre mão do resultado gerado pela regra para fazer a coisa certa. É importante perceber que o formalista moderado adota como posição padrão a aplicação da regra. Ele não vai em busca de todas as razões a favor ou contra a sua aplicação; na dúvida ele aplica a regra – mesmo nos casos em que a aplicação produz um resultado subótimo. Apenas quando erros flagrantes e absurdos se apresentam ao decisor, não deixando a menor dúvida de que se trata de uma situação particularmente exigente, é que o resultado gerado pela regra é posto de lado. A vantagem desse modelo em comparação aos modelos particularistas é preservar a totalidade de virtudes das regras: certeza, segurança, previsibilidade, eficiência, separação de poderes e prevenção dos erros que poderiam ser cometidos ao se aplicar diretamente as justificações subjacentes. Em comparação ao modelo do formalismo forte, a vantagem do formalismo moderado é a sua capacidade de evitar os resultados absurdos que poderiam fazer o direito cair no ridículo. Porém, ainda é um sistema que admite uma grande quantidade de resultados subótimos, por serem sobre ou subinclusivos.

> Schauer entende que a escolha entre os diferentes modelos depende de uma análise comparativa de suas vantagens e desvantagens e diz que não existe um modelo que seja *a priori* o certo ou o melhor para todas as ocasiões possíveis. A escolha pelo desenho institucional a ser implementado depende da área do direito com a qual estamos lidando e da capacidade institucional dos responsáveis pela construção e aplicação de regras, entre outros fatores. Essas são questões normativas, que são diferentes das questões conceituais e descritivas sobre o direito. Resumindo, do ponto de vista conceitual Schauer entende que o direito certamente pode ser uma questão de regras. Do ponto de vista descritivo, o direito frequentemente se manifesta na forma de regras. E do ponto de vista normativo existem boas razões para defender as regras e sustentar os modelos de tomada de decisão baseados em regras, pelo menos em certas circunstâncias.

Uma parte de qualquer regra, a que alguns autores se referem como *protasis* e outros chamam de fatos operantes, especifica o seu alcance, isto é, as condições fáticas que provocam a sua aplicação. Esse componente de uma regra, a que chamarei predicado fático, pode ser compreendido como a sua hipótese, pois as regras prescritivas podem ser formuladas de modo que começam com "se x", em que x é uma afirmação descritiva cuja verdade é condição necessária e suficiente para a aplicação da regra. "*Se uma pessoa dirige a mais de noventa quilômetros por hora*, então essa pessoa deve pagar uma multa de cinquenta dólares." "*Se você permanecer fora de casa após as dez horas da noite*, então seus pais não lhe permitirão mais usar o carro."

As regras também contêm o que chamo de *consequente*, prescrevendo o que acontecerá quando as condições especificadas no predicado fático forem satisfeitas. "Se uma pessoa dirige a mais de noventa quilômetros por hora, *então essa pessoa deverá pagar uma multa de noventa dólares.*" "Se uma pessoa tem 21 anos de idade, *então lhe é permitido comprar bebidas alcoólicas.*"

...

Suponha que eu entre num restaurante com Angus, que passa então a latir, correr por todo lado, pular em cima dos fregueses e comer os restos de comida caídos no chão. O proprietário do restaurante, tentando evitar que algo assim se repita, pretende excluir não somente Angus nesse momento, mas futuros eventos do mesmo tipo. Sendo assim, ele deve generalizar a partir do evento particular de Angus latindo, correndo, pulando e comendo no tempo t (e no lugar l). Como Angus é preto, o proprietário poderia estabelecer uma norma que excluísse do restaurante tudo aquilo que fosse dessa cor, não apenas terriers escoceses pretos tal como Angus, mas também gatos pretos, sapatos pretos, gravatas pretas, vestidos pretos e cabelos pretos. Tal generalização a partir do evento anterior seria logicamente impecável, pois está descrito de maneira correta como um problema causado por um agente preto, e a exclusão de agentes pretos asseguraria que qualquer evento exatamente como esse jamais voltasse a ocorrer. No entanto, essa generalização logicamente legítima é absurda, e isso ocorre porque a cor preta de Angus é causalmente irrelevante para a ocorrência dos eventos que inspiraram a decisão inicial de excluir. Sabemos que a cor preta de Angus é causalmente irrelevante, ou espúria, com relação a latir, correr, pular e comer graças ao que sabemos sobre o mundo; nosso conhecimento empírico está justificando a conclusão de que esses atos, mesmo quando cometidos por Angus, não são causalmente consequência de sua cor preta. ...

Portanto, a justificação determina qual das generalizações logicamente equivalentes a partir de um evento particular antecedente será escolhida como o predicado fático da regra resultante. A justificativa de evitar o aborrecimento dos fregueses, por exemplo, orienta o criador da regra ao generalizar a partir do evento particular anterior de Angus latindo, correndo, pulando e comendo. A cor preta falhou como um predicado fático porque essa generalização não era causalmente relevante para a presença de acontecimentos importunos, mas e se generalizarmos não a partir da propriedade de ser preto, mas a partir da propriedade de ser cachorro? Proibir cães parece menos absurdo porque sabemos, pela experiência, que a propriedade de ser cachorro é causalmente relevante para a incidência de acontecimentos importunos de um modo que a propriedade de ser preto não o é. Um agente dotado da propriedade de ser cachorro está particularmente propenso a se envolver em confusão, mas um agente dotado da propriedade de ser preto não está mais propenso, em virtude de ser preto, a ter um comportamento importuno. ...

O predicado fático de uma regra consiste numa generalização percebida como causalmente relevante para um objetivo que se procura alcançar ou um mal que se procura evitar. A prescrição desse objetivo, ou a proscrição desse mal, constitui a justificação que portanto determina qual generalização constituirá o predicado fático da regra.

 ...

O predicado fático de uma norma *prescritiva* é geralmente apenas esse tipo de generalização probabilística. Quer ele seja "Proibido cães", "Velocidade máxima 90 km/h", "Proibido o consumo de bebidas alcoólicas por menores de 21 anos" ou "Não matarás", o predicado fático de uma regra é uma generalização probabilística em relação a alguma justificação (quase sempre, mas não necessariamente, não mencionada). Na medida em que alguns cães não criariam problemas, algumas vezes dirigir a mais de 90 km/h não é perigoso, algumas pessoas menores de 21 são capazes de usar álcool responsavelmente e alguns homicídios podem ser moralmente justificáveis, a generalização do predicado fático de uma regra é *sobreinclusiva*. Ela abrange estados de coisas que em casos particulares poderiam não produzir as consequências que representam a justificação da regra, ainda que o estado de coisas, *como um tipo*, esteja probabilisticamente relacionado à chance ou incidência da justificação. O predicado fático de uma regra possui uma relação probabilística com os propósitos da regra, mas essa relação deixa aberta a possibilidade de que em casos particulares a conexão entre a justificação e a consequência esteja ausente.

O exemplo "Proibido cães" permitiu-nos ver não só que alguns cães poderiam não causar aborrecimentos, mas também que alguns aborrecimentos poderiam ser provocados por agentes distintos de cães. Portanto, além de sobreinclusivo, o predicado fático é *subinclusivo*. Assim como o predicado fático pode por vezes indicar a presença da justificação em casos nos quais ela está ausente, o predicado fático também pode por vezes deixar de indicar a justificação em casos nos quais ela está presente. ...

Como o predicado fático de uma regra é consequentemente (seja de fato, ou potencialmente ...) subinclusivo ou sobreinclusivo (ou ambos), a partir da perspectiva da justificação da regra, esse predicado fático pode, por vezes, não somente deixar de levar adiante a sua justificação, como também impedi-la.

...

Quando os decisores não engessados por regras são assim autorizados a investigar todos os fatores que poderiam conduzir à melhor decisão para um caso particular, eles simplesmente poderiam não tomar essa melhor decisão. Livres para olhar para todas as coisas, os tomadores de decisão muitas vezes usam essa liberdade de maneira insensata, empregando os fatores que *poderiam* produzir o melhor resultado para, em vez disso, produzir algo inferior. Ao contrário dos erros que são consequência inevitável de até mesmo uma aplicação correta de regras que simplificam demais, os erros de que devemos tratar agora são aqueles que decorrem de uma aplicação incorreta de um processo de tomada de decisão particularista que é, em tese, otimizador. ...

O planejamento de um ambiente de tomada de decisões deve, portanto, levar em conta não apenas a possibilidade de erros de sobre e subinclusão que emanam de uma aplicação fiel das regras em face de uma realidade imprevisível, mas também os erros que provavelmente serão cometidos por decisores nada salomônicos quando, livres de regras, são autorizados a aplicar as justificações subjacentes diretamente aos casos que têm de decidir. Quando o temor deste último tipo de erro predomina, as regras são empregadas para diminuir os erros do decisor, limitando a sua capacidade de levar em conta uma série de considerações potencialmente difíceis e complexas. ...

Assim, o planejamento de qualquer procedimento de tomada de decisão envolve uma avaliação da frequência comparativa e das consequências dos diferentes erros. ...

A tomada de decisão baseada em regras é, portanto, uma aplicação da teoria da segunda melhor opção [*second best*]. Quando planejamos instituições reais de tomada de decisão para decisores reais, o *procedimento* de decisão ótimo para um agregado de decisões é, por vezes, aquele que renuncia à busca pelo ótimo no caso particular. Com alguma frequência, instituições de tomada de decisão planejadas para tomar as melhores decisões em cada caso particular produzem uma incidência de erros maior do que aquela que teria resultado de procedimentos de decisão com ambições mais modestas.

Instituições de tomada de decisão em geral envolvem múltiplos decisores, de modo que o planejamento de procedimentos de tomada de decisão impõe um modo de tomada de decisão a uma multiplicidade de decisores, dos quais nem todos possuem a mesma perspectiva ou capacidade. Quando escolhemos regras, e portanto quando escolhemos a segunda melhor opção, concentramo-nos no pior de qualquer série de decisores, pois nos preocupamos mais com o erro do decisor do que com os erros que estão incorporados nas próprias regras. Consequentemente, a escolha da tomada de decisão baseada em regras normalmente acarreta a incapacitação de decisores sábios e sensíveis em tomarem as melhores decisões, a fim de impedir que decisores incompetentes ou simplesmente mal-intencionados tomem decisões erradas. Contrariamente, um procedimento de decisão que evita ou reduz as restrições de regras autoriza os melhores decisores a tomar as melhores decisões e aceita como consequência que o mesmo processo também autoriza decisores menos capazes a tomarem algum número de decisões inferiores às melhores. Uma perspectiva do "melhor caso" é necessariamente avessa a regras, porque a tomada de decisão baseada em regras não pode produzir o melhor resultado em todos os casos. Mas uma perspectiva do "pior caso" provavelmente abrangerá regras, reconhecendo que a proteção contra o pior caso pode em algumas circunstâncias ser o melhor que podemos fazer.

...

Para o positivista, pode haver sistemas cujas normas são identificadas por referência a algum identificador capaz de distinguir normas *jurídicas* de outras normas, como aquelas da política, da moral, da economia ou da etiqueta.

Esse identificador, a que Hart chama "regra de reconhecimento" e Dworkin "pedigree", seleciona normas jurídicas a partir do universo das normas, fornecendo assim um teste de validade jurídica. Se uma norma é selecionada dessa maneira, ela é uma regra jurídica válida, a despeito de sua repugnância moral, incoerência econômica ou asneira política.

Uma vez que vemos que o positivismo diz respeito a sistemas normativos distintos e menos abrangentes do que a totalidade do universo normativo, podemos concordar que um sistema positivista é em muitos aspectos o análogo sistêmico de uma regra. Assim como as regras confiam a tomada de decisão a uma série truncada de fatores de decisão relevantes, o positivismo também confia a tomada de decisão a uma série truncada de normas. E assim como esse estreitamento do que é potencialmente relevante pode, no caso de regras individuais, gerar uma resposta que é errada considerando todas as coisas, a tomada de decisão segundo apenas as normas escolhidas pela regra de reconhecimento pode, do mesmo modo, ser a resposta errada a partir da perspectiva das justificações subjacentes para o sistema jurídico como um todo. Uma visão positivista de um sistema jurídico o considera como uma instanciação simplificada de sua justificação subjacente (justiça, ordem ou qualquer outra coisa), e, tal como uma regra, trata essa instanciação como dotada de uma capacidade de resistência aos esforços em considerar o sistema jurídico transparente às justificações para o próprio sistema.

QUESTÕES E TEMAS PARA DISCUSSÃO

1. Explique o que são regras prescritivas na visão de Schauer e por que as mesmas são sempre atualmente ou potencialmente sobre ou subinclusivas.

2. Encontre um exemplo de regra no ordenamento jurídico para ilustrar o problema da sobreinclusão e outro para mostrar o problema da subinclusão.

3. Quais são as razões apresentadas por Schauer para defender as regras? Por que um modelo de regras envolve uma "teoria da segunda melhor opção"?

4. Explique as diferenças e semelhanças entre os quatro modelos normativos de tomada de decisão. Quais são as vantagens e desvantagens comparadas de cada um deles? Se você estivesse desenhando as instituições jurídicas, em que ocasiões aplicaria cada um dos modelos? Justifique.

5. Com base no texto de Schauer, elabore críticas ao popular movimento do neoconstitucionalismo, que conforme apresentado por Humberto Ávila no

artigo "Neoconstitucionalismo: entre a 'ciência do direito' e o 'direito da ciência'"[1] pode ser resumido por defender "princípios em vez de regras (ou mais princípios do que regras); ponderação no lugar de subsunção (ou mais ponderação do que subsunção); justiça particular em vez de justiça geral (ou mais análise individual e concreta do que geral e abstrata); Poder Judiciário em vez dos Poderes Legislativo ou Executivo (ou mais Poder Judiciário e menos Poderes Legislativo e Executivo); Constituição em substituição à lei (ou maior, ou direta, aplicação da Constituição em vez da lei)".

LEITURAS SUGERIDAS

Schauer, Frederick. "Formalismo", *in* José Rodrigo Rodriguez (org.). *A justificação do formalismo jurídico: textos em debate*. São Paulo, Saraiva, 2011, p.65-116.

_____. *Las reglas en juego: Un examen filosófico de la toma de decisiones basada en reglas en el derecho y en la vida cotidiana*. Madri, Marcial Pons, 2004.

Struchiner, Noel. "O direito como um campo de escolhas: por uma leitura das regras prescritivas como relações", *in* José Rodrigo Rodriguez, Carlos Eduardo Batalha da Silva e Costa, Samuel Rodrigues Barbosa (orgs.). *Nas fronteiras do formalismo*. São Paulo, Saraiva, 2010, p.103-28.

---

1. http://www.direitodoestado.com/revista/rede-17-janeiro-2009-humberto%20avila.pdf

FEINBERG

Nascido em Detroit, Joel Feinberg (1926-2004) doutorou-se em filosofia pela Universidade de Michigan em 1957. Lecionou em diversas universidades ao longo de sua carreira – Brown, Princeton, UCLA, Rockefeller – até finalmente entrar para o corpo docente da Universidade do Arizona, em 1978, onde foi professor de filosofia até 1994, quando se aposentou. Continuou na instituição mesmo após a aposentadoria, como Professor Emérito e como Regents' Professor – o título de maior prestígio acadêmico do Arizona, dado apenas para os professores titulares com contribuições excepcionais em seus respectivos campos e reconhecimento nacional e internacional entre seus pares. Tal reconhecimento já havia ficado patente quando Feinberg foi eleito, em 1981, presidente da Associação Americana de Filosofia. Em seus anos como professor, formou muitos alunos, alguns dos quais também obtiveram reconhecimento em suas áreas, como Russ Shafer-Landau na filosofia moral e Jules Coleman na filosofia do direito. Embora Feinberg não tenha alcançado a mesma expressão internacional no campo da filosofia do direito que os outros autores tratados nesta coletânea, seu trabalho é uma excelente porta de entrada para discussões filosóficas contemporâneas a respeito da legitimidade do direito.

Feinberg é frequentemente caracterizado como um filósofo social, já que suas contribuições perpassam áreas como a filosofia moral, a filosofia política e a filosofia do direito, tentando, muitas vezes, estabelecer uma comunicação entre essas diferentes esferas. Ele contribuiu significativamente com discussões sobre assuntos polêmicos e de extrema relevância no campo da filosofia social: responsabilidade (moral e jurídica), punição (pena de morte), aborto, incapacitação mental, estrutura e natureza dos direitos individuais, justiça, desobediência civil, paternalismo, autonomia e vários outros temas. Porém ficou mais famoso na filosofia do direito pelo seu influente trabalho discutindo os limites (morais) da criminalização penal.

Uma das questões mais sérias na tríplice fronteira das preocupações da filosofia do direito, filosofia política e filosofia moral é justamente a questão sobre o que justifica o Estado, por meio do direito penal e fazendo uso da força, restringir a liberdade de alguém. O ponto de partida da discussão costuma ser a aceitação de que todos os seres humanos são livres, isto é, possuem um direito negativo (um direito de não interferência por parte do Estado) em suas ações e escolhas. As controvérsias começam quando os autores pretendem justificar as circunstâncias nas quais o direito geral à liberdade pode ser podado. A justificativa mais aceita para cercear o direito à liberdade é o "princípio do dano", segundo o qual uma pessoa pode ser constrangida nas suas atividades quando elas geram ou podem gerar um dano a terceiro(s). Mas será que o princípio do dano é o único capaz de limitar a liberdade? John Stuart Mill achava que sim, mas outros princípios mais polêmicos também entram no páreo. O princípio da ofensa, por exemplo, determina que ações que não geram danos mas são ofensivas devem ser recriminadas juridicamente. Alguns defendem que o Estado tem a obrigação de evitar que uma pessoa possa causar danos por meio da força não apenas a terceiros, mas também a si mesma. Para tanto, faz-se necessário adotar políticas paternalistas que criminalizam atos que podem ser prejudiciais para os próprios agentes. Além do princípio do dano, do princípio da ofensa e do paternalismo, alguns acreditam que ações imorais, mesmo quando não originam danos ou representam ofensas, devem ser repudiadas pelo direito, e defendem o moralismo legal. Lord Patrick Devlin defendeu uma versão do moralismo ao sustentar, contra H.L.A. Hart, que o Estado deveria continuar criminalizando o homossexualismo e a prostituição. Para Devlin, a identidade e a sustentação de uma comunidade dependem da preservação de sua concepção moral.

OS LIMITES MORAIS DO DIREITO CRIMINAL
Ofensa a terceiros

Nos anos 1980, Feinberg escreveu a sua obra tratando do assunto discutido acima. *The Moral Limits of the Criminal Law* (*Os limites morais do direito criminal*) foi escrita em quatro volumes, cada um deles tratando de uma das quatro justificativas para restringir o direito à liberdade: *Harm to Others* (Dano a terceiros, 1984), *Offense to Others* (Ofensa a terceiros, 1985), *Harm to Self* (Dano a si próprio, 1986) e *Harmless Wrongdoing* (Imoralidade sem dano, 1988). Em sua tetralogia adotou uma posição liberal, aceitando a possibilidade de restrição coercitiva da liberdade com base nos princípios do dano e da ofensa (estendendo a posição de Mill, que aceitava apenas o princípio do dano), mas rejeitando a possibilidade de criminalização paternalista ou do moralismo (ambas incompatíveis com uma posição liberal).

O texto escolhido faz parte do volume *Offense to Others* e é intitulado "A ride on the bus" (Uma volta de ônibus). Trata-se de um experimento mental utilizado por Feinberg para mostrar como é complicada a discussão sobre o que é uma ofensa, como temos diversos tipos de ofensas diferentes e, finalmente, como é difícil decidir sobre quais são as ofensas que devem ser tuteladas pelo direito e de que forma isso deve ser feito.

A posição geral de Feinberg é que há casos de ofensas que podem ser criminalizadas, ainda que não causem qualquer dano. Para distinguir quais podem ser criminalizadas das que não podem, Feinberg propõe que devemos levar em consideração a razoabilidade da conduta ofensiva e sopesá-la com o impacto causado por ela (ou a *seriedade* da ofensa). Porém, essa tarefa não é simples, pois nem mesmo é simples saber quando uma conduta ofensiva é razoável, muito menos analisar o impacto causado.

Os critérios que determinam se uma conduta que gera ofensa é ou não razoável são os seguintes:

- Importância pessoal: quanto mais importante para um indivíduo for a realização da conduta ofensiva, mais razoável ela é.
- Valor social: quanto maior a utilidade da conduta em questão, mais razoável ela é.
- Livre expressão: a ofensividade do conteúdo de uma opinião nunca pode ser o critério para proibi-la. No entanto, a maneira de expressar um determinado conteúdo de uma opinião pode ser objeto de censura em alguns contextos.
- Oportunidades alternativas: quanto maior a disponibilidade de meios alternativos para realizar a ação que sejam igualmente satisfatórios ao autor e que ao mesmo tempo gerem menos ofensa, menos razoável a conduta.
- Intenção de prejudicar: se uma ação for realizada exclusivamente com o intuito de ofender, ela não é razoável.
- Natureza do local: realizar uma conduta ofensiva em um local em que comumente se realizam condutas semelhantes é mais razoável do que realizá-la em locais em que esse tipo de conduta é excepcional.

Já os critérios para a análise do impacto de uma conduta ofensiva são os seguintes:

- A magnitude da ofensa (o que inclui a intensidade, duração e âmbito): quanto mais intensa, durável e abrangente uma ofensa for, maior impacto ela causa.
- Evitabilidade: quanto mais difícil de evitar for a conduta, maior impacto ela causa.

- Voluntariedade: quanto mais voluntária for a exposição à ofensa, menor impacto ela causa.
- Exclusão da sensibilidade anormal: se a ofensa só ocorre em virtude de uma sensibilidade anormal da vítima, o seu impacto é irrisório. Porém, quanto menor a dependência de uma sensibilidade anormal das vítimas, maior o seu impacto.

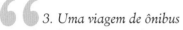 *3. Uma viagem de ônibus*

O poder do raciocínio abstrato para decidir questões de legitimidade moral tem um limite. A questão suscitada por este capítulo é se há alguma experiência humana que, embora inofensiva em si mesma, seja no entanto tão desagradável que podemos, com razão, pedir proteção legal contra ela, mesmo que à custa de liberdades de outras pessoas. A melhor maneira de lidar com isso, a princípio, é exercitar nossa imaginação na investigação, considerar hipoteticamente as experiências mais ofensivas que podemos conceber, e em seguida classificá-las em grupos, num esforço para isolar o cerne da ofensa em cada categoria. Assim, esta seção consistirá em várias histórias imaginárias vividamente esboçadas. Em cada uma delas o leitor é solicitado a se projetar na situação e determinar, o melhor que puder, qual seria a sua reação. Deve pensar em si mesmo como passageiro de um ônibus normalmente lotado a caminho do trabalho ou de algum compromisso importante em circunstâncias tais que, caso seja forçado a sair do veículo antes da hora, não só terá de pagar outra passagem para chegar aonde pretende, mas provavelmente se atrasará, sendo assim prejudicado. Ainda que não esteja exatamente preso no ônibus, sofreria graves inconvenientes se tivesse de saltar antes de chegar a seu destino. Em cada história, um passageiro diferente, ou grupo de passageiros, embarca no ônibus e passa a causar, por suas características ou sua conduta, grande ofensa a *você*. As histórias formam seis grupos que correspondem aos tipos de ofensa causada.

A. Afrontas aos sentidos

História 1. Um passageiro que obviamente não toma banho há mais de um mês senta-se a seu lado. Ele emana um fedor quase insuportável. Praticamente não há espaço para se ficar de pé em outro lugar no ônibus e todos os outros assentos estão ocupados.

História 2. Um passageiro com uma camisa de tons vibrantes e destoantes de alaranjando e vermelho senta-se bem à sua frente. Você tem de manter os olhos baixos para evitar olhar para ele.

História 3. Um passageiro senta-se a seu lado, tira uma tábua de ardósia da pasta e põe-se a raspar as unhas ruidosamente pela tábua, causando-lhe um arrepio na espinha e fazendo-o cerrar os dentes. Você lhe pede polidamente para parar, mas ele se recusa.

História 4. Um passageiro em outro lugar no ônibus liga um rádio portátil no volume máximo. O som que ele emite é formado sobretudo de chiados, zunidos e estática, mas algumas vezes um rock and roll eletronicamente amplificado ressoa.

B. Nojo e repugnância

História 5. Esta história é muito parecida com a primeira, a diferença é que o passageiro malcheiroso no assento vizinho se coça, baba, tosse, peida e arrota.

História 6. Um grupo de passageiros entra no ônibus e compartilha o banco com você. Estendem uma toalha de mesa sobre os joelhos e passam a fazer um piquenique que consiste em insetos vivos, cabeças de peixe, órgãos sexuais de cordeiro, vitela e porco em conserva num molho de alho e cebola. Suas maneiras à mesa deixam quase tudo a desejar.

História 7. As coisas vão de mal a pior. A turma do piquenique itinerante pratica a glutonia à maneira da Roma Antiga, empanturrando-se até a saciedade e depois vomitando na toalha de mesa. Eles inovam, no entanto, em relação ao antigo costume, na medida em que comem seu próprio vômito e o dos outros junto com a comida que resta.

História 8. Uma sequência coprofágica da história 7.

História 9. Em algum momento durante a viagem, a passageira a seu lado, de maneira completamente aberta e displicente, troca seu absorvente íntimo e joga o usado no corredor do veículo.

C. Choque às sensibilidades moral, religiosa ou patriótica

História 10. Um grupo de pessoas enlutadas carregando um caixão entra no ônibus e compartilha o banco com você. Embora estejam todos vestidos de preto sua atitude nada tem de fúnebre. De fato, todos parecem mais irritados do que pesarosos e referem-se ao falecido como "o velho desgraçado" e o "maldito cadáver". A certa altura eles arrancam a tampa do caixão com martelos e passam a estraçalhar o rosto do cadáver com uma série de violentas marteladas.

História 11. Um jovem robusto entra no ônibus e senta-se bem na sua linha de visão. Ele veste uma camiseta e tem no peito um desenho de Cristo na cruz. Sob a imagem, leem-se as palavras: "Tô pregadão!"

História 12. Após tomar o assento ao lado do seu, um passageiro exibe uma trouxa enrolada numa grande bandeira norte-americana. A trouxa contém, entre outras coisas, seu almoço, que ele passa a comer. Em seguida, ele cospe no canto estrelado da bandeira e o usa primeiro para limpar a boca, depois para assoar o nariz. Por fim, usa a parte principal da bandeira, listrada, para polir os sapatos.

D. Vergonha, constrangimento (inclusive
constrangimento vicário) e ansiedade

História 13. O passageiro que toma o assento bem em frente ao seu está completamente nu. Em uma versão da história, ele ou ela é do mesmo sexo que você; em outra, é do sexo oposto.

História 14. O passageiro da história anterior começa a se masturbar calmamente em seu assento.

História 15. Um homem e uma mulher, a princípio quase completamente vestidos, tomam dois assentos bem diante de você e começam a se beijar, abraçar, acariciar e afagar um ao outro enquanto emitem ruidosos suspiros e gemidos de prazer. Prosseguem nessas atividades durante toda a viagem.

História 16. Quando o ônibus está perto de chegar a seu destino, o casal da história anterior envolve-se em masturbação mútua, trocando instruções perfeitamente audíveis e produzindo outros efeitos sonoros.

História 17. Uma variante da história anterior, que chega ao seu clímax num ato de coito, executado de maneira um tanto acrobática tal como o exigem as circunstâncias.

História 18. O assento bem em frente ao seu está ocupado por um (ou uma) jovem usando uma camiseta com uma imagem extravagante de um casal fazendo sexo em seu peito.

História 19. Uma variante da história anterior em que o casal mostrado é reconhecível (em virtude de representações convencionais) como Jesus e Maria.

História 20. O casal nas histórias 15 a 17 executa uma variedade de atos sexuais sadomasoquistas com comunicações verbais apropriadas ("Ai, que dorzinha gostosa! Bate de novo! Vai, me arranha! Me humilha pra todo mundo ver!").

História 21. Dois assentos em frente a você estão ocupados por homossexuais do sexo masculino. De início eles flertam e se provocam mutuamente, depois trocam beijos e abraços, e por fim fazem mútua felação até chegar ao clímax.

História 22. Dessa vez os homossexuais são do sexo feminino e praticam cunilíngua.

História 23. Um passageiro com um cachorro toma um assento de corredor a seu lado. Ele ou ela mantém o cão calmo, a princípio afagando-o de uma maneira familiar e normal, mas depois os afagos dão lugar a abraços, e pouco a pouco vão além do meramente afetuoso rumo ao inequivocamente erótico, culminando por fim com contato oral com os genitais caninos.

182 Textos básicos de filosofia do direito

E. Irritação, aborrecimento, frustração

História 24. Um passageiro a seu lado mantém um rádio num volume razoavelmente baixo, e os sons que ele emite não são de maneira alguma agressivos aos sentidos. O conteúdo do programa tampouco é ofensivo. Trata-se, contudo, de um programa de auditório de baixa qualidade que lhe parece extremamente entediante, e não há maneira possível de desviar sua atenção.

História 25. Os dois assentos à sua esquerda estão ocupados por duas pessoas que encenam o seu próprio e enfadonho programa de auditório. Você não tem como evitar ouvir todas as animadas palavras da frívola conversa, sua mente não tem como se ocupar de seus próprios pensamentos, problemas e devaneios.

História 26. O passageiro a seu lado é um sujeito amistoso, tagarela e intrometido. Você se cansa rapidamente de sua conversa e pede licença para ler seu jornal, mas ele persiste no falatório apesar de seus repetidos pedidos. O ônibus está lotado e não há outro assento vazio.

F. Medo, indignação, humilhação, raiva (de ameaças vazias,
insultos, escárnio, exibicionismo, ou provocações)

História 27. Um passageiro sentado ao seu lado pega um kit militar e tira uma "granada de mão" (na verdade apenas um brinquedo realístico), com a qual brinca e faz malabarismo durante toda a viagem, ao mesmo tempo em que lança olhares ameaçadores e bufos. Depois, ele tira uma faca (de borracha) e esfaqueia a si mesmo e a outras pessoas repetidamente enquanto dá gargalhadas maníacas. Revela-se bem pouco ameaçador. Queria apenas deixar os outros com medo de sofrer algum ferimento.

História 28. Um passageiro senta-se a seu lado usando uma braçadeira preta em que se vê uma grande suástica.

História 29. Um passageiro sai de uma manifestação de rua recém-dispersada e entra direto no ônibus. Carrega uma faixa com uma grande e injuriosa caricatura do papa e um slogan anticatólico. (Você é um leal e devoto católico.)

História 30. Variantes da história acima. A faixa mostra a imagem de um negro segundo algum estereótipo usual ofensivo com uma legenda insultuosa, ou a figura de um Fagin ou Shylock com nariz adunco, exibindo um sorriso escarninho, choramingando, com uma conotação antissemita indecente, ou uma crítica ou sátira ofensiva semelhante de grupos chamados de "cucarachos", "polacos", "carcamanos" etc.

História 31. Mais uma variante. Um homem que protestava contra uma manifestação feminista entra no ônibus. Ele carrega uma faixa com a caricatura ofensiva de uma mulher e a mensagem, em grandes letras vermelhas: "Mantenha as putas descalças e grávidas."

QUESTÕES E TEMAS PARA DISCUSSÃO

1. Considerando as preocupações normativas da filosofia do direito, explique o que você entende pelo princípio da ofensa e se você acredita que atos ofensivos deveriam ser proibidos pelo direito. Explique o paternalismo jurídico e se você acredita que ele é algo justificado. Por fim, explique o moralismo legal e se o mesmo pode ser justificado adequadamente.
2. Feinberg apresenta várias situações diferentes de atos supostamente ofensivos. Quais delas são abarcadas pela legislação brasileira e como a mesma lida com elas? Em sua opinião, quais outras situações elencadas por Feinberg deveriam ser abarcadas e quais deveriam ser as respectivas punições?
3. Feinberg apresenta uma série de critérios para determinar quais ofensas devem e quais não devem ser criminalizadas. Explique os critérios do autor.
4. Qual é a sua opinião sobre os critérios apresentados por Feinberg? Você faria alguma modificação nos critérios apontados por ele?
5. Tente aplicar os critérios de Feinberg para lidar com os cenários apresentados no texto.

LEITURAS SUGERIDAS

Alemany García, Macario. "El concepto y la justificación del paternalismo", *Doxa: Cuadernos de Filosofía del Derecho* 28, 2005, p.265-303.

____. "El concepto y la justificación del paternalismo", tese de doutorado, 2005. http://www.cervantesvirtual.com/descargaPdf/el-concepto-y-la-justificacion-del-paternalismo--0/

Estellita, Heloisa. "Paternalismo, moralismo e direito penal: alguns crimes suspeitos em nosso direito positivo", *Revista Brasileira de Filosofia*, vol.LVI, fasc. 227, jul/ago/set 2007, p.333-42.

Feinberg, Joel. *Filosofia social*. Rio de Janeiro, Zahar, 1974.

Martinelli, João Paulo Orsini. *Paternalismo jurídico-penal*, tese de doutorado, 2010. www.teses.usp.br/teses/disponiveis/2/2136/tde.../TESE_versao_final.pdf

Referências dos textos e traduções

Sófocles
As leis da tradição × as leis da cidade: *Antígona*, *in A trilogia tebana*, Rio de
Janeiro, Zahar, 1990, v.502-525, 549-554, tradução de Mário da Gama
Kury. (Reprodução autorizada)

Platão
O mito de Prometeu: *Protágoras*, 320d-323a, tradução de Danilo Marcondes.
O mito de Giges: *A República*, I, 359a-360a, tradução de Danilo Marcondes.

Aristóteles
Comentário a *Antígona*: *Retórica*, 1368b, 1373b, tradução de Danilo Mar-
condes.
A distinção entre justiça e injustiça: *Ética a Nicômano*, 1129b5-30, tradução
de Danilo Marcondes.
As leis e sua aplicação: *Política*, Livro III, cap.9, tradução de Danilo Marcondes.

Cícero
A natureza da justiça: *Sobre as leis* (De legibus), Livro I,17-20, tradução de
Danilo Marcondes.

São Tomás de Aquino
Se a lei natural é a mesma para todos os homens: *Suma teológica*, "Tratado
sobre a lei", questão 94, artigo 4, tradução de Danilo Marcondes.

Grotius
Sobre guerra e direito: *O direito da guerra e da paz*, I-VI, tradução de Maria
Luiza X. de A. Borges.

Montesquieu

Lei natural e lei positiva: *O espírito das leis*, Livro I, I-III, tradução de André Telles.

Beccaria

As leis e as penas: *Dos delitos e das penas*, caps. 1-6, tradução de Eliana Aguiar.

Rousseau

O pacto social e a origem das leis: *O contrato social*, Livro I, caps. 1, 2, 3, 5, 6, tradução de André Telles.

Kant

Introdução à teoria do direito: *Metafísica dos costumes*, §A-E, tradução de Renata Dias Mundt.

Hegel

Introdução: *Princípios da filosofia do direito*, §1-4, tradução de Renata Dias Mundt.

Austin

O direito positivo entendido como comandos do soberano: *O objeto de estudo da jurisprudência*, conferências I, V, tradução de Maria Luiza X. de A. Borges.

Hart

O direito como união de regras primárias e secundárias: *in O conceito de direito*, São Paulo, WMF Martins Fontes, 2009, p.103-5, 118-27, 150, tradução de Antônio de Oliveira Sette-Câmara. (*Reprodução autorizada.*)

O positivismo e a separação entre o direito e moral: *in Ensaios sobre teoria do direito e filosofia*, Rio de Janeiro, Campus-Elsevier, 2010, tradução de José Garcez Ghirardi e Lenita Maria Rimoli Esteves. (*Reprodução autorizada.*)

Fuller

Oito maneiras de fracassar na construção do direito: *in A moralidade do direito/The Morality of Law*, cap.2, Yale UP, 1964, tradução de Maria Luiza X. de A. Borges. (*Tradução autorizada.*)

Crowe

Quatro ambiguidades da tese do direito natural: "Elucidação da tese do direito natural"/"Clarifying the natural law thesis", primeiramente publicado no *Australian Journal of Legal Philosophy* 37, 2012, tradução de Maria Luiza X. de A. Borges. (*Tradução autorizada.*)

Referências dos textos e traduções

Murphy

A afirmação central da jurisprudência jusnaturalista: *Direito natural na jurisprudência e na política/Natural Law in Jurisprudence and Politics*, Cambridge UP, 2006; Copyright © 2006, Mark C. Murphy, tradução de Maria Luiza X. de A. Borges. (*Tradução autorizada.*)

Alexy

O não positivismo de Robert Alexy: "Principais elementos de uma teoria da dupla natureza do direito", *FGV – Revista de Direito Administrativo* 253, 2010, p.9-28, tradução de Fernando Leal. (*Reprodução autorizada.*)

Waluchow

A divisão no positivismo jurídico contemporâneo: "Positivismo jurídico, inclusivo *versus* exclusivo"/"Legal positivism, inclusive *versus* exclusive", *in* E. Craig (org.), *Routledge Encyclopedia of Philosophy*, Routledge, 2001, tradução de Maria Luiza X. de A. Borges. (*Tradução autorizada.*)

Schauer

As regras como generalizações: *in Jogando de acordo com as regras/Playing by the Rules*, Clarendon Press/Oxford UP, 2002, tradução de Maria Luiza X. de A. Borges. (*Tradução autorizada.*)

Feinberg

Ofensa a terceiros: *in Os limites morais do direito criminal/The Moral Limits of Criminal Law*, vol.2: *Offense to others*, Oxford UP, 1985, tradução de Maria Luiza X. de A. Borges. (*Tradução autorizada.*)

Bibliografia geral

Barker, Ernest. *Teoria política grega*. Brasília, UnB, 1978.

Barreto, Vicente de Paulo (org.). *Dicionário de filosofia do direito*. São Leopoldo/Rio de Janeiro, Unisinos/Renovar, 2006.

Bix, Brian. *Law, Language and Legal Determinacy*. Oxford, Clarendon Press, 1995.

____. *Jurisprudence: Theory and Context*. Londres, Westview Press, 1996.

Edward N. Zalta (org.), *The Stanford Encyclopedia of Philosophy*, http://plato.stanford.edu/archives/spr2014/entries/austin-john/

Brand, Jeffrey. *Philosophy of Law: An Introduction to Jurisprudence*. Londres, Bloomsbury Academic, 2013.

Coleman, Jules e Scott Shapiro (orgs.). *The Oxford Handbook of Jurisprudence and Philosophy of Law*. Nova York, Oxford UP, 2002.

D'Amato, Anthony (org.). *Analytic Jurisprudence Anthology*. Cincinnati, Anderson Publishing, 1996.

Fabra Zamora, Jorge Luis et al. *Enciclopedia de filosofía del derecho y teoría jurídica*. Cidade do México, Instituto de Investigaciones Jurídicas/Unam, 2015, 3 vols.

Garcia, Gustavo Filipe Barbosa. *Introdução ao estudo do direito: teoria do direito*. São Paulo, Método, 2013.

Gardner , John. "Legal positivism: 5 1/2 myths", *The American Journal of Jurisprudence* 46, 2001, p.199-227.

Kelsen, Hans. *Teoria geral do direito e do estado*. São Paulo, Martins Fontes, 2005.

Lacey, Nicola. *A Life of H.L.A. Hart: The Nightmare and the Noble Dream*. Oxford, Oxford UP, 2004.

Murphy, Mark C. *Philosophy of Law: The Fundamentals*. Oxford, Blackwell, 2007.

Nielsen, Morten Ebbe Juul (org.). *Legal Philosophy: 5 Questions*. Nova York, Automatic Press, 2007.

Schauer, Frederick e Walter Sinnott-Armstrong (orgs.). *The Philosophy of Law: Classic and Contemporary Readings with Commentary*. Orlando, Harcourt, Brace & Company, 1996.

Sgarbi, Adrian. *Introdução à teoria do direito*. São Paulo, Marcial Pons, 2013.

____. *Teoria do direito: primeiras lições*. Rio de Janeiro, Lumen Juris, 2008.

Struchiner, Noel. "Algumas proposições fulcrais acerca do direito: o debate jusnaturalismo vs. juspositivismo", *in* Antonio C. Maia et al. (orgs.), *Perspectivas atuais da filosofia do direito*. Rio de Janeiro, Lumen Juris, 2005.

____. "Indeterminação e objetividade: quando o direito diz o que não queremos ouvir", *in* Macedo Jr., Ronaldo Porto e Catarina Barbieri (orgs.), *Direito e interpretação: racionalidades e instituições*. São Paulo, Saraiva, 2011.

Suber, Peter. *The Case of The Spelucean Explorers: Nine New Opinions*. Londres, Routledge, 1998.

Tebbit, Mark. *Philosophy of Law: An Introduction*. Londres, Routledge, 2000.

1ª EDIÇÃO [2015] 2 reimpressões

ESTA OBRA FOI COMPOSTA POR MARI TABOADA EM MINISTER E FRUTIGER
E IMPRESSA EM OFSETE PELA GRÁFICA PAYM SOBRE PAPEL ALTA ALVURA
DA SUZANO S.A. PARA A EDITORA SCHWARCZ EM JULHO DE 2021

A marca FSC® é a garantia de que a madeira utilizada na fabricação do papel deste livro provém de florestas que foram gerenciadas de maneira ambientalmente correta, socialmente justa e economicamente viável, além de outras fontes de origem controlada.